Anne Katrin Matyssek

Wahnsinn Büro

Anne Katrin Matyssek

Wahnsinn Büro

Überleben zwischen E-Mail-Fluten, Gerüchteküche und Meetingmarathon

GONDROM

Dr. Anne Katrin Matyssek ist Diplom-Psychologin und approbierte Psychotherapeutin. Seit 1998 arbeitet sie als Rednerin

und Management-Trainerin für Verwaltungen und Unternehmen der freien Wirtschaft. Unter dem Namen „do care!" veranstalten sie und ihre Lizenznehmer Seminare zur gesundheitsgerechten Mitarbeiterführung. Zu ihren wichtigsten Kunden zählen die Deutsche Telekom, Mannesmannröhren Werke, HamburgMannheimer Versicherungen und die Deutsche Rentenversicherung. Anne Katrin Matyssek veröffentlichte zahlreiche Fachartikel und ist bereits mehrmals als Buchautorin hervorgetreten.

Covergestaltung: Jarzina Kommunikations-Design, Köln
Coverabbildung: © moodboard/Corbis
Illustrationen: Norbert Zlöbl, Nürnberg

023

ISBN 978-3-8112-3120-7

5 4 3 2 1

www.gondrom-verlag.de

Inhalt

Stolperfallen im Büro: Gefahrenquellen für Leib und Seele

„Büro – das ist alles wie Kirmes, nur mit Akten" heißt es in der beliebten Serie *Stromberg* und weiter: „Wie Achterbahnfahren, ein ständiges Auf und Ab." Das klingt ganz schön anstrengend. Trotzdem haben sich allein in Deutschland über 16 Millionen Menschen für diese Daseinsform entschieden. Das Büro ist ihre zweite Heimat geworden. Hier verbringen sie einen Großteil ihrer wachen Zeit. Sie sehen die Kollegin häufiger als die Partnerin, den Chef öfter als den eigenen Sohn.

Verstehen Sie mich nicht falsch: Ich bin ein großer Fan des Büros. Man sitzt im Trockenen, man hat – zumindest im Vergleich zu denen draußen – ein paar kleine Schäfchen auch in selbigem, sitzt auf ergonomisch korrekten Stühlen höhen-, winkel- und sonst wie verstellbar, in ansprechend gestalteten Räumen aus Glas und Beton, hat täglich gut gekleidete Menschen um sich herum, schwitzt nicht übermäßig stark und muss nicht schwer heben. Und es gibt zu jeder Tageszeit so viel Kaffee, wie man möchte. Von außen betrachtet ist der Arbeitsplatz Büro ein reines Paradies und Zivilisation pur.

Aber die Innenansicht sieht anders aus. Da lauern Fallstricke, dicker als in Tarzans Dschungel, aber keine Jane weit und breit. Stattdessen nur „dat Jacqueline", ihres Zeichens Assistentin der Geschäftsleitung, die sich erkundigt, wo denn die Ressourcenübersicht bleibt. Gleichzeitig bimmelt das Handy: „Du hast doch die Mail schon seit zwei Stunden", keift Kollege Harry. Dazu kommt das schlechte Gewissen den Kindern gegenüber, weil man es heute doch wieder nicht zum gemeinsamen Abendessen schafft. Und wenn dann der Chef plötzlich fragt, ob man nicht die Projektleitung in der Sache X übernehmen möchte, ist es nicht einfach, das Gleichgewicht zu wahren und nicht ins Straucheln zu kommen.

Den eigenen Weg finden – zwischen unerreichbaren Terminplänen, Drückeberger-Kollegen, Krieg im Team, Unmengen von E-Mails, stundenlangen Meetings in schlecht belüfteten Räumen, schwachen Chefs, mobbenden Mitbewerbern, Schleimschnecken und abstürzenden Systemen, Flurfunk, Post-it-Overkill und Fettnäpfchen wie Betriebsausflügen und Weihnachtsfeiern. Dabei will Ihnen dieses Buch ein bisschen Unterstützung geben, und zwar gleich dreifach:

- Im **ersten Teil** geht es um die Arbeit und um Sie: Wie überstehen Sie die ersten hundert Tage? Wie können Sie sich und Ihre Leistung gut verkaufen und sich dabei selbst treu bleiben? Und wenn Sie ständig erreichbar sein müssen, wo bleibt da Ihre Lebensbalance? Wie können Sie Meetings überstehen, ohne sich die Gesundheit zu ruinieren? Und wie können Sie ihr inneres Gleichgewicht wahren, wenn die Technik versagt?
- Der **zweite Teil** beschäftigt sich mit den lieben Kollegen. Ob die Arbeit im Büro erfüllend ist und Freude bereitet, hängt nicht zuletzt von den Menschen ab, die darin arbeiten. Die können einem den Job erleichtern oder aber ihn zur Hölle machen. Hier finden Sie unter anderem Tipps zu Mobbing und zur Liebe im Büro, Benimm-Regeln für Betriebsfeiern oder Anregungen für Gespräche mit unangenehm riechenden Kollegen. Außerdem gibt es Ideen für den Umgang mit Wichtigtuern, Angebern und Abteilungsparasiten.
- Im **dritten Teil** geht es um den Menschen, der wohl den größten Einfluss hat auf Ihr Wohlbefinden im Büro: Ihren Chef. Der Typ kann Sie krank machen! Was will er von Ihnen und warum lobt er Sie nicht? Wie können Sie Rückrat zeigen ohne Ärger zu riskieren? Und was können Sie tun, wenn Ihr Vorgesetzter ein Fähnchen im Wind ist? Am Ende selber Chef werden?

Sie sind gefragt!

Weitere Unterstützung erhalten Sie auf meiner Website www.wahnsinn-buero.de. Hier können Sie kostenlos testen,

- wie stark bei Ihnen im Büro der Wahnsinn wütet,
- wo die stärksten Gefahren für Ihr Wohlergehen lauern,
- wie stark Ihr Chef Ihre Gesundheit gefährdet,
- welche Rettungsmaßnahmen Sie ergreifen können, und
- was Ihnen hilft, den „Wahnsinn Büro" gesund zu überstehen.

Als besonderen Service können Sie dort auch den „Büro-Überlebens-Würfel" für Ihren Schreibtisch herunterladen – zum Selberbasteln in langen Meetings!

Mich interessiert sehr, welche Erfahrungen Sie im Bürodschungel gemacht haben. Welche Gefahrenquellen sind Ihnen begegnet, und wie haben Sie die Situationen gemeistert? Ich freue mich sehr, wenn Sie mir von Ihren Büroerlebnissen berichten. Schreiben Sie mir einfach eine E-Mail an matyssek@wahnsinn-buero.de.

Ich antworte garantiert! Und die spannendsten Geschichten werden – Ihr Einverständnis natürlich vorausgesetzt – auf der Website veröffentlicht.

Noch viel Spaß im Büro wünscht Ihnen von Herzen

Anne Katrin Matyssek

Arbeit macht Arbeit

Ob du da bist oder nicht: Hauptsache, bei dir brennt Licht!

Karriere im Büro ohne Beziehungspflege, Sichtbarkeit und Selbstvermarktung? Undenkbar! Manchmal allerdings treibt der Anwesenheitswahn ebenso seltsame Blüten wie die PR in eigener Sache.

Siehst du mich, dann seh ich dich – der Anwesenheitswahn und seine Folgen

„Das kann doch nicht wahr sein, dass diese Null den Posten kriegt!" Das Entsetzen ist groß und die Teeküche überfüllt. Ungläubiges Staunen … Haben Sie sich auch schon einmal gewundert, weshalb immer die Falschen befördert werden? Genau die Lusche, die es eh nicht bringt und die beim letzten Freundschaftskick gegen die Finanzbuchhaltung für zwei Eigentore gesorgt hat. Exakt die Schnatterliese, die drei Viertel des Tages das Büro mit ihrem lauten Gegackere von der Arbeit abhält und vor lauter Schwätzchen mit anderen vergessen hat, wo eigentlich ihr Schreibtisch steht. Genau die wird befördert. Das sorgt erstmal für Fassungslosigkeit. Aber: Karriere macht man nie im luftleeren Raum. Sie vollzieht sich in einem sozialen Kontext, und sie folgt unausgesprochenen Regeln. Wenn es Ihnen darum geht, die Karriereleiter zu erklimmen, sollten Sie diese ungeschriebenen Beförderungsgesetze kennen.

Das wichtigste Prinzip: Sichtbarkeit. „Wen ich nicht kenne, den kann ich auch nicht befördern, selbst wenn er einen noch so guten Job macht", meinte kürzlich ein Abteilungsleiter in einem Seminar. Es ist nicht (nur) wichtig, supertolle Beiträge zu liefern, richtig ranzuklotzen, die tollsten Fortbildungen zu absolvieren, sich ordentlich zu verausgaben. Wichtig ist, gesehen zu werden. Leistung lohnt sich? Ab und zu. Aber sie spielt nicht die Hauptrolle bei der Frage, wer wann befördert wird. Ich empfehle Ihnen trotzdem, diese Haltung beizubehalten, denn wer will schon nur durch Gesichtspflege nach oben kommen?! Daneben aber sollten Sie Ihre Sichtbarkeit erhöhen, wenn Sie wirklich nach oben wollen.

Wer die meiste Zeit eifrig vertieft an seinem Platz sitzt, hat weit weniger Aufstiegschancen als derjenige, der viel Zeit in Teeküchen verbringt, wie eine Biene ständig neue Informationen von unterschiedlichen Kollegen aufsaugt und bei jeder Landestation Spuren hinterlässt. Wer es dann auch noch schafft, dem Abteilungsleiter ins Auge zu fallen, zum Beispiel durch gerade-so-eben-noch-rechtzeitiges Erscheinen zum Meeting, ist schon wieder einen Schritt weiter. Und wenn er dann auch noch im Meeting auf sich aufmerksam macht, etwa durch freiwillige Übernahme einer ungeliebten Aufgabe, hat er schon fast gewonnen. Ärmlich und erbärmlich? Vielleicht. Andererseits – wenn die Welt so funktioniert?

Es gibt Firmen, da herrscht ein regelrechter Kult um die Anwesenheit im Büro. Da gibt es Mythen wie: „wer seinen Job wirklich liebt, braucht keinen Feierabend“, „nur wer lange arbeitet, ist leistungsfähig“, „der mit den meisten Überstunden wird befördert“, „nine to five war gestern – heute ist eight to eight”. Legendär ist der Fall einer Führungskraft, die aus Gründen der „scheinbaren Anwesenheitszeiterhöhung“ eine Zeitschaltuhr am Lichtschalter anbrachte. Die Kollegen und der Vorstand auf der anderen Seite des Gebäudes konnten also von morgens um sieben bis abends um zehn sein Licht brennen sehen. Tagsüber machte er das Licht ab und an aus, damit es etwas lebendiger wirkte. Peinlich war's, als sein Tun aufflog. Zugleich fühlten sich alle ein wenig beschämt und entlarvt in ihrer Mythengläubigkeit.

Wenn Sie Ihre Sichtbarkeit erhöhen wollen, brauchen Sie dafür nicht herumzuschleimen. Es reicht, wenn Sie das, was Sie ohnehin tun, ganz bewusst tun. Also zum Beispiel bewusst ins Gesicht des Kollegen (nicht nur des Chefs) blicken, der Ihnen auf dem Flur entgegenkommt. Ihr Lächeln wird ungewöhnlich genug sein, um ihm im Gedächtnis zu bleiben. Oder, wenn Sie in einem Meeting sitzen und Sie beim aktuellen Thema anderer Meinung sind als der Rest. Äußern Sie ruhig Ihre Ansicht, statt sie für sich zu behalten. Gerade wenn die Kollegen bis dahin kurz vorm Einschlafen waren, wird Ihnen jetzt die ganze Aufmerksamkeit gehören. Natürlich geht es nicht darum, Protest um des Protests willen zu üben, aber darum, nicht aus falscher Bescheidenheit mit der eigenen Meinung hinterm Berg zu halten, vor allem wenn man sie in Sachen Sichtbarkeit nutzen kann. Ganz wichtig für den Bekanntheitsgrad ist das Kontaktnetz.

So erhöhen Sie Ihre Sichtbarkeit

- Melden Sie sich zu Wort, gerade wenn Sie anderer Meinung sind!
- Knüpfen Sie Kontakte in alle Richtungen!
- Variieren Sie Ihre Anwesenheitszeiten (mal ganz früh, mal ganz spät)! So sehen Sie auch mal andere Gesichter.
- Grüßen Sie freundlich nickend, statt gedankenverloren den Gang lang zu laufen!

Suchen Sie sich Aufgaben, die viel mit Öffentlichkeitsarbeit und Außenwirkung zu tun haben. Alle Aktivitäten, bei denen Sie innerbetrieblich mit vielen verschiedenen Menschen aus möglichst unterschiedlichen Abteilungen zu tun haben, sind gut. Auf diese Weise erhöhen Sie Ihren Bekanntheitsgrad. Auch wenn es Ihnen zuwider sein sollte (was sehr für Sie und Ihre Bescheidenheit spricht): Klappern gehört zum Handwerk – gute Arbeit ist nur die halbe Miete, und Leistung ohne Vermarktung bringt nichts. Bis auf das gute Gefühl, einen anständigen Job zu machen, natürlich. Aber karrieretechnisch können Sie mit guter Leistung keinen Blumentopf gewinnen, wenn von Ihrer guten Leistung nur der Kollege aus der Nachbarabteilung, mit dem Sie ab und zu in die Sauna gehen, etwas weiß.

Ich zeig's Ihnen!
Selbstvermarktung leicht gemacht

Sie brauchen ein Marketing in eigener Sache. Das klingt schwieriger als es ist. Die Basis ist wie bei jedem guten Geschäft: die Marktbeobachtung. Seien Sie aufmerksam für das, was um Sie herum passiert. Es lohnt sich etwa, die Zettel am Schwarzen Brett zu lesen. Über den Fotos zur Betriebsratswahl 1976 (Himmel, diese Schnäuzer hätten heute keine Chance) hängt dort so mancher nützliche Hinweis. Wenn Sie zum Beispiel wissen wollen, wer einen Doppelkinderwagen günstig abzugeben hat oder wer seinen Smart schon nach einem halben Jahr wieder verkaufen möchte, werden Sie hier fündig. Und haben zugleich möglichen Stoff gefunden für das Gespräch mit bis dahin unbekannten Kollegen. Auch über Veranstaltungen zum Betriebssport (hält Sie fit, ist gut für die Figur, Sie kommen unter Leute, und versichert sind Sie dabei auch noch) findet sich Wissenswertes auf dieser antiquiert wirkenden Plattform der Informationsvermittlung.

Es reicht nicht, viele verschiedene Beziehungen zu haben, man muss sie auch pflegen. Zeigen Sie echtes Interesse. Das ist ganz einfach. Wenn Ihr Interesse echt ist, dann wirkt es auch so. Die Susi aus dem Einkauf spürt genau, ob Sie wirklich wissen wollen, wie ihre Wellness-Woche in Bad Bevensen auf Kosten der Krankenkasse war (vielleicht weil Sie selbst auch gern mal Ihren Karibik-Urlaub durch die GKV unterstützen lassen wollen). Oder ob Sie nur einen Vorwand für ein Gespräch suchen, um sie nach allen Regeln der Kunst anzugraben. Vermutlich wird sie Sie in beiden Fällen in Erinnerung behalten, aber Ihr Bild wird in höchst unterschiedlichen Arealen ihres

Gehirns abgelegt. Gleiches gilt für den Hannes vom Vertrieb. Auch der spürt, ob Sie echtes Mitleid mit ihm haben, weil er so getriezt wird. Oder ob Sie ihn über seinen Chef, den Triezer, aushorchen wollen.

Geheimdienstmethoden oder echtes Interesse? Die meisten haben dafür ganz feine Antennen. Eine positive Einstellung verhilft zu einer positiven Ausstrahlung – echt und nicht aufgesetzt. Wenn Sie im anderen ein faszinierendes Individuum sehen – mit eigenen Vorlieben, Abneigungen, Träumen und Wünschen –, das Sie möglichst gut kennenlernen wollen, sind Sie auf dem richtigen Weg auch in Sachen Selbstvermarktung. Denn kaum etwas schmeichelt armen gebeutelten Schreibtischhelden aus hundertfach geklonten Büros in kalten Stahlbeton-Bauten mehr, als wenn sich jemand für sie als Mensch interessiert. Fragen nach ihrer Person, aber auch nach ihrer Arbeit werden als Ausdruck von Wertschätzung verstanden und wärmen das Herz. Sie tun einfach gut. Kleiner und nicht unbedingt unerwünschter Nebeneffekt: Sie machen sich beliebt.

Zu den unverzichtbaren Grundlagen guter Eigen-PR gehören also – auf Seiten der Sozialkompetenz – Aufmerksamkeit, Beziehungspflege und eine positive Einstellung. Daneben ist Fachkompetenz natürlich nicht völlig unverzichtbar. Sie brauchen schon auch gute Leistungen. Aber Sie sollten sich eben nicht darauf verlassen, dass Ihre gute Arbeit ein Selbstläufer wird und von allein die Aufmerksamkeit der potenziell Beförderungsbefugten auf sich zieht. Dazu müssen Sie schon auf sich aufmerksam machen, selbst wenn es zu Ihrer bescheidenen Persönlichkeit auf den ersten Blick vielleicht nicht gut passt. Sie müssen den anderen zeigen, was Sie draufhaben. Und beim Zeigen sollten Sie auf die richtige Verpackung achten. Sie kaufen ja bei identischem Inhalt auch lieber die Wellness-Flakes mit den zartrosa Wölkchen auf der Packung als das Paket mit den langweilig-braun verschweißten Getreideflocken. Ein wichtiger Punkt, der oft vernachlässigt wird: die Kleidung. Zur Selbst-PR gehört auch die Wirkung auf andere. Es sind im Grunde alte Hüte: Kleider machen Leute, und die Wirkung bleibt länger im Gedächtnis haften als der Inhalt.

Wenn Charlotte im Schlampenlook ihre brillanten Quartalszahlen genuschelt und mit Blick auf den Fußboden vorträgt, wird sich schon nach dem Meeting niemand mehr an sie erinnern. Aber wenn Bernd mit blinkender Nickelbrille, edelgrauem Anzug und unaufdringlichem After Shave seine eigentlich mittelmäßigen Zahlen vorstellt, dabei immer wieder Blickkontakt sucht und eine wirklich ausgefallene und witzige Präsentation zur Untermalung einsetzt, reißt er seine Kollegen mit, und alle hängen an seinen Lippen. An den wird man sich erinnern. Und falls doch jemand die Zahlen bekritteln sollte, wird bereitwillig ein anderer Kollege Bernd zur Seite springen und spontan eine Latte von Entschuldigungsgründen liefern. Es lohnt sich also, im Rahmen des Möglichen die Wirkung der eigenen Persönlichkeit zu reflektieren (am besten in einem Seminar außerhalb des Jobs, wo einen niemand kennt) und sich in Überzeugungskraft und sicherem Auftreten zu üben.

Wie Sie Ihre Körpersprache (und Aussagekraft) verbessern können

- Stehen Sie gerade, mit lockeren Knien.
- Halten Sie Ihren Oberkörper aufrecht (Brust raus, Bauch rein).
- Sprechen Sie laut und deutlich!
- Atmen Sie tief aus.
- Suchen Sie den Blickkontakt zu Ihrem Gesprächspartner, ohne ihn anzustarren.
- Überlegen Sie vorher: Glaube ich an das, was ich gleich sagen möchte?
- Stellen Sie sich die Zustimmung vor, die Ihnen in den begeisterten Gesichtern Ihrer Zuhörer begegnet.

Pluspunkte in Sachen Ansehen sammelt man auch, indem man neidlos die Erfolge anderer mitfeiert. Wer sich mitfreut, wird schnell als Freund betrachtet. Geteilte positive Emotionen schweißen zusammen und verbinden. Eine weitere Strategie für Bescheidene: Wie wäre es, wenn Sie sich zusätzlich einen Mentor suchen? Jemand, der Sie gerade zu Beginn Ihrer Arbeit im Büro unter seine Fittiche nimmt und Sie einweiht in die kleinen und großen Geheimnisse des Unternehmens. Den Kontakt zu diesem Menschen sollten Sie auch in späteren Jahren intensiv pflegen. Wenn Sie sich gut entwickeln, wird er sich einen Teil Ihres Erfolgs auch selbst zuschreiben und umso lieber für Sie Werbung machen, ohne dass sie als solche daherkommt. Es versteht sich von selbst, dass das Geben und Nehmen ein gegenseitiges sein sollte. Für Sie bietet es den Vorteil: Sie brauchen nicht laut selbst über Ihre Erfolge zu sprechen. Sie sehen, Bescheidenheit und Selbst-PR passen durchaus zusammen.

Hoppla, jetzt komm ich! Der eigene Kommunikationsstil

„Hi guys, I'm phannnntasssstic!" Befremdliche Blicke der Kollegen, als der eigentlich schüchterne Thorsten von seinem Trainee-Jahr aus Amerika zurück ist. Wie Menschen sich doch verändern können! Eigentlich gut zu wissen, aber bei dem Guten ist es vielleicht doch ein bisschen „too much". Auch wenn viele gern ein bisschen, nur eine kleine Ecke, von diesem selbstverständlichen Von-sich-überzeugt-Sein hätten, ein allzu aufdringliches Auf-sich-aufmerksam-Machen widerspricht oft unserer Kultur. Insbesondere wer sich neu zu einer Gruppe gesellt – und nach einem Jahr Abwesenheit ist man quasi wieder neu –, sollte am Anfang auf Zurückhaltung achten und erstmal beobachten, welche unausgesprochenen Regeln das Team bestimmen. Das gilt auch für ansonsten aufgeschlossene fröhliche Menschen: Am Anfang punktet mehr, wer sich freundlich-lächelnd zurücknimmt. Aber auch sonst sind polternd auftretende Kollegen nicht unbedingt die beliebtesten.

Wie Sie zu einem gern gesehenen Team-Mitglied werden? Indem Sie Hilfe anbieten, ein offenes Ohr haben, einspringen bei Not am Mann, aber auch indem Sie den anderen Ihre Persönlichkeit zeigen und ein bisschen von sich preisgeben. Erzählen Sie etwas von sich, damit die Kollegen sich ein Bild von Ihnen machen können. Über die stille Hilde kursieren die seltsamsten Mutmaßungen, bloß weil sie seit Jahren immer nur schweigend danebensitzt. Die anderen fühlen sich beobachtet und unterstellen ihr lästerhafte Gedanken. Es ist ihnen peinlich, von der schweigenden Hilde angestarrt zu werden. Hilde öffnet nur dann den Mund, wenn sie direkt angesprochen wird. Erst in einem Teamentwicklungsseminar kommt heraus, dass Hilde, inzwischen 58, ein Leben lang mit ihrer Mutter unter einem Dach gelebt hat und von dieser gelernt hat: Sprich nur, wenn du gefragt wirst. Mit viel Fingerspitzengefühl vermitteln ihr die Kolleginnen, dass sie sich auch ungefragt Wortbeiträge von ihr wünschen. Es dauert ein Weilchen, aber schließlich lernt die Kollegin auch im fortgeschrittenen Alter und nach etlichen Jahren Berufstätigkeit, sich zu öffnen.

Die beiden Kommunikationsstile von Thorsten und Hilde stellen sicherlich Extreme einer Skala dar – die meisten Menschen dürften sich irgendwo zwischen diesen beiden Polen ansiedeln. Wo stehen Sie? Sind Sie eher der große Schweiger oder eher die Quasselstrippe? Wichtig ist, zum einen den eigenen Stil zu finden und nicht zu verleugnen. Und zum anderen, sich flexibel auf die unterschiedlichsten Gesprächspartner mit den unterschiedlichsten Kommunikationsstilen einstellen zu können. Wer nur mit Quasselstrippen kann, verscherzt es sich leicht mit den eher Introvertierten, die es in jedem Team gibt. Umgekehrt gilt das Gleiche. In Köln kennt man den schönen Spruch „Jede Jeck is anders" – ein großartiges Plädoyer für Toleranz gegenüber andersgestrickten Menschen. Es fördert die Beliebtheit enorm, wenn man anderen ihre Verrücktheiten gönnt. Und das Büro ist eine Welt voll von Verrückt(heit)en.

Lieber ein abstürzendes System als gar keine Bewegung: schöne neue Technikwelt!

„Klick mich, klick mich, du willst es doch auch!" Leider beruht die Liebe zwischen Mensch und PC nicht immer auf Gegenseitigkeit, und frei von Störungen ist sie auch nicht. In diesem Kapitel erfahren Sie, wie Sie trotz E-Mail-Fluten und Softwareproblemen erfolgreich bleiben.

Aufgehängt?! Reinschlagen? Der tägliche IT-Frust

Morgens halb neun in Deutschland. Frieder S. schlurft ins Büro. Er drückt den Powerknopf seines PCs. Das Gerät springt an, fährt fünf Minuten lang hoch, während derer Frieder S. sich gemächlich einen Pott Kaffee holt. Als er wieder am Platz ist, wird ihm klar: Der Tag wird nichts. Er kommt nicht ins System, weil aus unerfindlichen Gründen das Passwort nicht akzeptiert wird. Frieder S. ruft den zuständigen Menschen in der Sicherheitsabteilung an. Frieder muss sich ein neues Passwort ausdenken und dabei die geforderte Mischung aus Zahlen und Buchstaben berücksichtigen. Der Einfachheit halber entscheidet er sich für frieder2. Nachdem diese Störung behoben ist, stellt er fest, dass sein Outlook nicht funktioniert. Er kommt also nicht an seine E-Mails heran. Da er seinen Tag grundsätzlich mit dem Bearbeiten von E-Mails beginnt, fühlt sich Frieder S. nun aus dem Takt gebracht. Er schlurft zum Kollegen Waldemar J. und fragt ihn: „Tut's dein Outlook? Meins tut's nicht!" Waldemar beendet die Anwendung, mit der er gerade beschäftigt ist, widmet sich seinem Outlook-Programm und stellt fest: Nein, auch bei ihm funktioniert das Programm nicht. Er spricht darauf die Kollegin Konny L. an. Konny unterbricht ihre aktuelle Arbeit und kommt zu demselben Ergebnis. So nehmen die Dinge ihren Lauf, und schließlich hat Frieder in den drei Stunden bis zur Mittagspause nicht einen Schlag Arbeit erledigt. Außerdem haben 18 Kollegen ihre Tätigkeit unterbrochen, um festzustellen, dass ihr Outlook nicht funktioniert hätte – wenn sie überhaupt damit hätten arbeiten wollen …

Diese wahre Geschichte, die sich kürzlich in einem Telekommunikationsunternehmen ereignet hat, zeigt: Die moderne Bürotechnik ist eine feine Sache – wenn sie denn funktioniert … Sie hat den Arbeitsalltag erheblich erleichtert, keine Frage. Auch das Moorhuhnschießen wurde erst durch PCs möglich – und hat es nicht schon für viele höchst vergnügliche Stunden gesorgt?! Die neue Technik bereichert die Bürowelt wie in der obigen Geschichte durch viele humorvolle Ereignisse. Leider allerdings auch durch Ärgernisse in einem nie gekannten Ausmaß. Vor dem siegreichen Einzug des Computers in die Büros ärgerte man sich höchstens einmal über Reklamationen von schwierigen Kunden. Oder über Verspätungen, die eine andere Abteilung zu verschulden hatte. Oder natürlich über den Chef. Heute bietet die moderne Bürotechnik – besser gesagt: deren Versagen – unendlich viel mehr Möglichkeiten. Andererseits sollten wir dankbar sein. Wie sonst könnten wir sorglos ganze Vormittage mit der Kollegin in der Teeküche verbummeln. Es gibt kaum eine überzeugendere Entschuldigung für Nichtstun, als den Chef strahlend aufzuklären: „Das System ist abgestürzt!“ Selbst der pingeligste Chef muss einsehen, dass dem, der so klagt, trotz aller Arbeitsbereitschaft die Hände gebunden sind.

Was Sie nicht ändern können, sollten Sie mit Humor nehmen, sonst werden Sie womöglich noch krank. Das gilt auch für technikbedingten Stress. Es nützt Ihnen nichts, wenn Sie sich ein Magengeschwür ärgern wegen eines sogenannten Anwenderprogramms, das keines ist. Es schadet nur Ihrer Gesundheit, wenn Sie darüber verzweifeln, dass die Hilfefunktion nur unverständliche Texte ausspuckt, die offenbar von einem Inder mit marginalen Deutschkenntnissen verfasst wurden. Und noch weniger nützt es Ihnen, wenn Sie alle Schuld am Scheitern auf sich nehmen. Gemeinerweise kratzen Probleme mit dem Computer häufig am Selbstwertgefühl des Benutzers, neudeutsch: Users. Man zweifelt an sich selbst und hält sich für unfähig. Das gilt nach meiner Beobachtung insbesondere für Frauen. Für Männer ist klar: Das Programm wurde von Fachidioten und in Fachchinesisch verfasst. Schimpfen auf die anderen ist in diesem Falle gesünder als das Schimpfen auf sich selbst. Und wenn der Adressat an der Grenze zu Kaschmir sitzt, schadet das erst recht keinem. Noch besser wäre allerdings, wenn Sie sich überhaupt nicht aufregen würden.

Was also können Sie gegen technikbedingten Ärger tun? Zunächst einmal: Machen Sie sich nicht zum Sklaven der Technik! Sie sollten zum Beispiel immer mal wieder auf Distanz gehen und sich bei Schwierigkeiten mit etwas anderem beschäftigen. Wenn Sie etwas Abstand gewonnen haben, ist der Kopf meist klarer und das Problem leichter lösbar. Überhaupt hat der Computer das Problem und nicht Sie. Vielen Menschen hilft diese Vorstellung als gedanklicher Trick, um sich weniger als Opfer zu fühlen. Wenn der PC das Problem hat, sind sie quasi der Arzt, der ihm wieder auf die Sprünge hilft. Wieder anderen hilft es, ihrem PC einen Namen zu geben und sich als fürsorglicher Betreuer zu fühlen. Aus ihrem Mund hört man dann Sätze wie: „Heute morgen hat er seine Tage, das kann ja jedem mal passieren, da muss ich halt Geduld haben." Wenn's hilft ... Nach Möglichkeit sollten Sie sich mehrere Betätigungsfelder im Büro schaffen. Wenn es auf dem einen Gebiet gerade nicht vorangeht, zum Beispiel weil die Software so schwer verständlich ist, sind dennoch Erfolge auf anderen Gebieten möglich, wie etwa die Organisation des nächsten Abteilungsmeetings.

So verhindern Sie, zum Sklaven der Technik zu werden

- Sorgen Sie für Erfolgserlebnisse, die auch unabhängig von Bürotechnik funktionieren. So wappnen Sie sich mental gegen eventuelles Technikversagen.
- Starten Sie Ihren Tag nicht mit dem Beantworten von E-Mails. Wer reagierend sein Tagwerk beginnt, wird keine kreativen Höchstleistungen mehr erbringen.
- Wenn es hakt: Gönnen Sie sich eine Auszeit! Wechseln Sie den Raum und machen Sie eine Pause.
- Nutzen Sie die Zeit, die Ihr PC fürs Hochfahren, Runterfahren und Totalversagen braucht, indem Sie für einen Vorrat an Tätigkeiten sorgen, die sich auch handschriftlich erledigen lassen.

Sie werden sich wundern, wie gut handschriftliche Arbeiten Sie beruhigen können. Das Gefühl, hinterher etwas Handgefertigtes vorliegen zu haben, tut vielen Menschen gut. Wann sonst hat man als Bürotäter schon das Gefühl, sein Geld „mit eigner Hände Arbeit" verdient zu haben. Ideen fließen oft reichlicher und kreativer, wenn man sie mit dem Stift in der Hand statt mit den Fingern auf der Tastatur erwartet.

„Ich hatte Sie doch ins cc gesetzt" – E-Mails und die Folgen

Das Internet hat den meisten Büros eine völlig neue Form der Kommunikation beschert: Das Versenden und Empfangen von E-Mails. Ein Alltag ohne E-Mails ist für die meisten

Schreibtischtäter nicht mehr denkbar. Inzwischen wird bereits von Fällen von E-Mail-Abhängigkeit berichtet. Selbst im Urlaub ist es den Betroffenen nicht mehr möglich, auf das tägliche Checken ihres Postfachs zu verzichten. Und dank sogenannter Remote-Anschlüsse kann man sich auch von außerhalb ins System der Firma einloggen, um E-Mails abzufragen – und natürlich zu beantworten. E-Mails lassen sich in Sekundenschnelle verfassen, wobei die Rechtschreibung schon einmal zugunsten der Sache vernachlässigt werden darf, anders als im richtigen Brief. Das macht dieses Medium für Orthografieignoranten umso attraktiver. Und dass E-Mails quasi kostenfrei verschickt und empfangen werden können, erhöht den Charme dieser Kommunikationsform in den Augen des Controllers zusätzlich.

Nie zuvor ließen sich Rund-E-Mails mit witzigen Inhalten so problemlos verteilen. Dilbert-Cartoons, Durchhaltesprüche für die Bürowand oder Fotos vom letzten After-Work-Meeting machen blitzschnell die Runde. Sie halten in der Regel kaum von der Arbeit ab, sorgen aber für gute Stimmung, sofern es sich nicht um diskriminierende Inhalte handelt. Bei E-Mails mit sexistischem Hintergrund sieht das bisweilen anders aus – ein Klick, und schon weiß die ganze Firma, welches Verhältnis Blondinen zum PC haben. Je nachdem, welche Personen der E-Mail-Verteiler umfasst, wird so eine E-Mail eventuell als Beleidigung aufgefasst. Entsprechend vorsichtig sollte der Umgang mit solchen potenziell diskriminierenden Texten oder Bildern sein. Gerade für E-Mails gilt: Verzichten Sie auf Ironie oder zweideutige Aussagen! Ein Klick, und schon ist die E-Mail weg. Das geht ruckzuck. Wenn sie aber falsch verstanden wird, ist genauso schnell die Beziehung zu einem Kollegen dauerhaft gestört.

Überhaupt tragen E-Mails nicht eben zur Verbesserung der Kommunikation unter Kollegen bei. Die Gesprächskultur geht den Bach runter, wenn nur noch schriftlich miteinander verkehrt wird. Natürlich ist es Ausdruck von Wertschätzung, wenn ein Vorgesetzter meint, er würde seine Leute durch einen Anruf nur bei der Arbeit stören, zum Beispiel beim Programmieren. Aber wenn aus Ehrfurcht vor der Konzentration der Mitarbeiter auf das persönliche Gespräch zunehmend verzichtet wird, gehen auch viele Aspekte der Bindung an den Arbeitsplatz verloren. E-Mails können ein Vier-Augen-Gespräch nie ersetzen, und Teamsitzungen schon gar nicht. Auch zur Absicherung nach dem Motto „Ich habe Sie doch alle informiert" sind sie nur bedingt einsetzbar. Es zeugt eher von Unsicherheit und einer misstrauensgeprägten Unternehmenskultur, wenn Mitarbeiter sich durch Versenden von E-Mails an einen möglichst großen Verteiler absichern wollen, um nur ja nichts falsch zu machen.

Insbesondere in Zeiten von Umstrukturierungen und Veränderungen – und in welchem Unternehmen gäbe es die mal nicht – dient der Live-Kontakt unter Kollegen wie auch zwischen Vorgesetzten und Mitarbeitern der Stabilisierung und schafft mehr Sicherheit, als es noch so viele E-Mails jemals könnten. Informationen aus dem Mund des Chefs haben einen anderen Stellenwert, insbesondere in qualitativer Hinsicht, als schwarz-weiße Texte aus dem PC. Wenn Sie die Gesprächskultur in Ihrem Unternehmen hochhalten wollen, sollten Sie auch weiterhin den persönlichen Kontakt zu Kollegen suchen, auch aus anderen Abteilungen. Ganz nebenbei sorgt das Vorbeigehen für körperliche Bewegung, die Ihnen guttut. Und Sie erhalten inoffizielle Informationen, die es leichter machen, sich im innerbetrieblichen Informationsdschungel zurechtzufinden. Probleme durch Überflutung mit schriftlichen Informationen gibt es schon genug.

Wer sich durch Unmengen von Fun-Mails gestört fühlt, kann diese theoretisch einfach wegklicken, ohne sie zu öffnen. Das empfiehlt sich jedoch nur, wenn die E-Mail eindeutig als Spaß-Mail erkennbar ist. Ansonsten heißt es hinterher womöglich: „Ich hatte Sie doch ins cc gesetzt". Auf Deutsch: „Sie haben doch eine E-Mail von mir in Kopie erhalten – warum haben Sie die Informationen jetzt nicht parat?!" Wenn wirklich Wichtiges darin stand, sieht der Empfänger bzw. Nicht-Leser der E-Mail schon mal dumm aus. Daher empfiehlt sich für alle im Betrieb, nicht-fachliche E-Mails in der Betreffzeile gesondert zu kennzeichnen. Von Pfeilen oder ähnlichen Symbolen, die die Priorität einer E-Mail anzeigen, sollten Sie hingegen sparsam und nur in wirklich dringenden E-Mails (zum Beispiel wegen Fristverstreichung) Gebrauch machen. Im Kampf gegen die Informationsüberflutung sind sie kaum geeignete Mittel, denn die wenigsten Menschen halten die von ihnen geschriebenen E-Mails für unwichtig. Wer häufig Gebrauch von Prioritätszeichen macht, wird schnell als Wichtigtuer verschrien.

Was Ihnen im Kampf gegen Informationsüberflutung hilft

- eindeutige Betreffzeilen
- Verzicht auf Empfangsbestätigungen
- strukturierte Archive für alte E-Mails
- zentrale Bereitstellung von Infos (zum Beispiel Protokolle) im Intranet
- Spam-Filter und Filter gegen unerwünschte E-Mails von außen
- Lesen und Abarbeiten der E-Mails nur im Block (zum Beispiel um 11 Uhr und um 15 Uhr)
- Ausschalten der akustischen oder visuellen Ankündigung
- Verzicht auf Anhänge und Speicherung empfangener Anhänge

Vorsicht, Big Brother! Warum Sie am Arbeitsplatz nicht fremdsurfen sollten

Natürlich können Sie mit Ihrem PC ins Internet. Dafür ist der ja da. Aber selbstverständlich geht Ihr Arbeitgeber davon aus, dass Sie dies beruflich bedingt tun. Die Ersteigerung eines MP3-Players für den zehnten Geburtstag Ihrer Tochter gilt nicht als beruflich bedingt. Das sollten Sie also lassen. Vier von zehn Arbeitnehmern surfen bei der Arbeit auch privat im Internet, so das Internetportal Monster. Als Arbeitnehmer haben Sie keinen rechtlichen Anspruch auf die private Nutzung der betrieblichen Kommunikationsmittel, in den meisten Unternehmen wird diese aber in geringem Umfang geduldet, übermäßige Nutzung sollte jedoch vermieden werden. Im Grunde weiß jeder Arbeitnehmer, dass er sein Gehalt nicht für Anwesenheit, sondern für geleistete Arbeit erhält. Und jede private E-Mail oder Reisebuchung per Internet hält nun einmal von der Arbeit ab. Andererseits kann es zum eigenen Wohlbefinden und damit auch zur Leistungsfähigkeit beitragen, wenn man seine privaten Angelegenheiten geregelt hat – notfalls eben über das Firmentelefon oder private E-Mails. Die private Nutzung kann also durchaus auch im Interesse des Arbeitgebers liegen. Allerdings empfiehlt es sich, auch aus Fairness-Gründen, das Vertrauen nicht zu missbrauchen, sondern die Zeit dafür auf ein Minimum zu beschränken.

In einigen Betrieben gibt es Betriebsvereinbarungen, die die private Nutzung des Internets völlig untersagen. In Zeiten von Flatrates geht es bei solchen Verboten nicht um Befürchtungen hinsichtlich der Verbindungskosten, sondern um die Kosten durch den Arbeitsausfall während der regulären Arbeitszeit. Und wer Inhalte fremder Seiten herunterlädt, kann dadurch unter Umständen die Sicherheit der EDV im Unternehmen gefährden, zum Beispiel durch Viren. Aus diesem Grunde beschränken die meisten Arbeitgeber die Möglichkeiten zum Datentransfer durch programmierte Schutzvorrichtungen. Die Technik verhindert zum Beispiel das Herunterladen von Daten aus dem Internet oder macht das Empfangen und Versenden von E-Mails unmöglich. Was aber, wenn E-Mail-Ver-

kehr erlaubt ist und Sie private E-Mails verschicken – darf der Chef in Ihre E-Mails hineinschauen? Und was muss er dabei beachten?
Übrigens, bevor Sie nicht schlafen können, weil Sie immer noch nicht wissen, wie es um Blondinen und ihr Verhältnis zum PC bestellt ist ... Sagt die Blondine weise im Einstellungsgespräch: „Mit einem Computer würde ich mich nie einlassen!"

Rechtliches zum Thema Internet und E-Mails – Was darf der Chef, was nicht?

Sofern die private Nutzung nicht verboten ist, dürfen Vorgesetzte ihre Mitarbeiter nicht pauschal überwachen. Es sind nur stichprobenhafte Überprüfungen gestattet – es sei denn, es liegt ein konkreter Missbrauchsverdacht vor. Falls private E-Mail-Nutzung im Unternehmen erlaubt ist, darf der Arbeitgeber keinen Einblick nehmen in den E-Mail-Verkehr. Dieser unterliegt dem allgemeinen Persönlichkeitsrecht. Anders sieht es aus, wenn ein berechtigtes betriebliches Interesse vorliegt, zum Beispiel weil der Arbeitnehmer im Urlaub ist und der Arbeitgeber davon ausgehen kann, dass sich unter den in der Abwesenheit des Mitarbeiters eingegangenen E-Mails auch solche von Geschäftspartnern befinden, die zügig beantwortet werden müssen. In diesem Fall überwiegt das Einsichtnahmerecht des Arbeitgebers, d. h. er ist befugt, Kenntnis vom Inhalt der E-Mails zu nehmen.

Falls es kein ausdrückliches Verbot der privaten Nutzung des Internets gibt, muss der Mitarbeiter vor einer Kündigung abgemahnt werden. In folgenden Fällen darf der Arbeitgeber eine fristlose Kündigung aber auch ohne vorherige Abmahnung aussprechen: Wenn er das private Surfen ausdrücklich verboten hat, wenn aufgrund des Surfens die Arbeitsleistung erheblich beeinträchtigt wird oder wenn erhebliche Datenmengen oder strafbare bzw. pornografische Darstellungen heruntergeladen werden. Außerdem wenn ihm durch die private Nutzung des Internets erhebliche Zusatzkosten entstehen.

Die Meeting-Un-Kultur oder: Lasst mich doch in Ruhe meinen Job machen!

Vor den Erfolg hat der liebe Gott den Schweiß gesetzt – und vor die Arbeit der Chef die Besprechung. 10 Cent für jede abgesessene Meetingstunde, und manch einer wäre schon Millionär. Doch was für die meisten nutzlos vertrödelte Zeit ist, können Sie sinnvoll für sich nutzen.

Meeting? Konferenz? Zeitverschwendung pur!

Die meisten Menschen, die im Büro arbeiten, täten am liebsten acht Stunden am Tag genau das: im Büro arbeiten. Leider hat der Vorgesetzte davor das Meeting gesetzt. Kennen Sie das: Kaum sind die Mitarbeiter morgens an ihrem Platz eingetroffen, da ereilt sie schon eine Einladung zu einer überraschend anberaumten Sitzung: „12 Uhr, Konferenzraum, Meeting aller Verantwortlichen/Beteiligten am Projekt XY". Und sofort wissen Sie: Den Tag kannst du knicken. Bis um 12 müssen alle potenziell benötigten Unterlagen ansprechend aufbereitet werden. Schließlich könnte es ja sein, dass man etwas präsentieren muss, und dann will man natürlich punkten – vor dem Chef und vor den Kollegen. Die eigentliche Arbeit muss derweil ruhen. Ab 12 Uhr geht dann gar nichts mehr, arbeitsmäßig. Das Wichtigste ist jetzt das punktgenaue Erscheinen. Am besten, man prescht exakt so auf den Gang zum Konferenzraum, dass man im Abstand von fünf Metern vor dem Chef dort ankommt. So kann der sich am Arbeitseifer seines Mitarbeiters erfreuen, und man signalisiert zugleich durch dezentes Zuspätkommen den anderen, dass man wichtig ist und keine Minute zu viel übrig hat.

Was „dezentes Zuspätkommen" ist, unterscheidet sich von Vorgesetztem zu Vorgesetztem. Zwischen zwei Minuten und einer Stunde ist alles drin. Es ist ein Gebot der Höflichkeit, mit der Zeit anderer Menschen respektvoll umzugehen. Leider hat sich das noch nicht bis zu allen Chefs herumgesprochen. Bei vielen Führungskräften gilt das Motto: „Unpünktlichkeit ist das Vorrecht des Chefs.“ Wie viel Lebens- und Arbeitszeit seit Erfindung der ersten Meetings damit verschwendet wurde, dass Mitarbeiter auf ihre Chefs gewartet haben, darüber gibt es leider keine Statistik. Vermutlich traut sich niemand, dies zu protokollieren, aus Angst davor, danach nie wieder auf einen Vorgesetzten warten zu dürfen. Sinnvoll ist in jedem Fall, dass Sie sich für eventuelle Wartezeiten wappnen und einen Arbeitsvorrat mit in den Besprechungsraum nehmen. Wenn das soziale Netzwerk bereits intensiv gepflegt wurde und der Chef sich noch immer nicht blicken lässt, können Sie auf diese Weise wenigstens die Zeit sinnvoll nutzen.

Vorgesetzte, die sich für ihr zu spätes Erscheinen entschuldigen, sind Mangelware. Dabei wäre es angesichts der heute üblichen technischen Ausstattung wie Handy oder Blackberry oft ein Leichtes, einen der Meeting-Teilnehmer zu erreichen und mit den nötigsten Infos zu versorgen. Dass aus Respekt vor der Lebenszeit der Mitarbeiter ein Grund für die Verzögerung genannt wird, sollte eigentlich selbstverständlich sein. Falls Ihr Vorgesetzter das anders sieht, sollten Sie sich ein Herz fassen und das Gespräch suchen: Weisen Sie Ihren Chef unter vier Augen darauf hin, wie viel Arbeitszeit verloren geht, wenn sechs Leute zehn Minuten auf ihn warten. Formulieren Sie dann freundlich Ihre Bitte um Pünktlichkeit, kombiniert mit dem Hinweis, dass die Produktivität der Abteilung ja auch in seinem Interesse sei.

Und schließlich lauern in jeder Besprechung noch etliche weitere Zeit- und Stimmungsräuber: Mal wird von der Tagesordnung – sofern es überhaupt eine gibt – wieder und wieder abgewichen. Mal werden Diskussionen geführt, in denen jeder zweite Satz lautet: „Das ist jetzt aber nichts fürs Protokoll.“ Mal nutzen Kollegen die Besprechung ausschließlich zur lautstarken Profilierung und gegenseitigen Abwertung. Und niemand schreitet ein, wenn Kollege X die Hälfte der Redezeit für sich beansprucht, weil er Sprechdauer und Wichtigkeit gleichsetzt, während andere kaum zu Wort kommen. Das Fazit in allen Fällen: Die Besprechungen ziehen sich endlos in die Länge.

Verbesserung der Meeting-Kultur

- Kein Meeting ohne Agenda: Genau wie Beginn und Ende der Besprechung muss diese allen vorher zur Vorbereitung bekannt sein. Andere Themen kommen unter „Sonstiges“ ans Ende der Tagesordnung.
- Melden Sie sich zu Wort, sobald die Diskussion abzudriften droht. Wenn alle einverstanden sind, können Sie sogar rote Karten einführen, die bei Redezeitüberschreitung hochgehalten werden.
- Alles, was Sie oder die anderen sagen, sollte protokollfähig sein. Andere Aussagen haben in einem Meeting keinen Platz.
- Zahlen, Daten, Fakten. Begründen Sie, was Sie sagen, und kommen Sie sofort auf den Punkt, denn so wirken Sie glaubwürdiger.
- Wenn es einmal schnell gehen soll: Schlagen Sie vor, das Meeting im Stehen abzuhalten. So wird die Dauer auf natürliche Weise begrenzt ...

Das leidige Protokollschreiben

Endlich sind alle anwesend. Der Chef räuspert sich, das Murmeln verebbt, und dann geht’s los. Denkt man. Stattdessen verstreichen wertvolle fünf Minuten über der Frage, wer das Protokoll führt. Wer das betretene Schweigen am wenigsten lang aushalten kann, verliert. Ist Ihnen schon mal aufgefallen: Die, die sich opfern, sind meist die guten Seelen in der Runde. Und das sind nicht die, von denen man glaubt, dass sie noch Karriere machen werden. Protokollführung wird als niederer

Hilfsdienst angesehen. Dafür meldet sich niemand, der im Unternehmen noch etwas vorhat. So scheint es zumindest, wenn man beobachtet, wie viel Zeit mit Schweigen verloren geht, bis sich jemand zu dieser Aufgabe bereitfindet.

Dabei hat das Protokollschreiben zu Unrecht den Ruf des Unterwürfigen. Lassen Sie sich nicht vom schlechten Image der Tätigkeit abschrecken, sondern melden Sie sich freiwillig: Ihre Arbeitsleistung wird an etliche Kollegen per Rund-E-Mail verteilt, etliche – auch höhergestellte – erhalten sie „in cc", also in Kopie. Auf diese Weise erhöht sich Ihr Bekanntheitsgrad innerhalb kürzester Zeit mehr, als es eine Topleistung jemals könnte. Sie können sich einen Namen machen und zugleich Ihren Teamgeist unter Beweis stellen. Allein schon aus diesen Gründen sollten Sie die Chance des Protokollführens nutzen. In Bezug aufs Protokoll gilt noch stärker als sonst im Betrieb: Wer schreibt, der bleibt. Was mündlich besprochen wurde, ist bald vergessen. Was dagegen schriftlich festgehalten wurde, kann jederzeit auf den Bildschirm geholt und zur Grundlage für Entscheidungen werden.

Und der vielleicht wichtigste Grund: Es gibt kaum geschicktere Möglichkeiten, ganze Projekte in die eigene Richtung zu lenken, als ein fein getuntes Protokoll. Sie sind als Protokollführer derjenige, der Punkte ausweiten oder verkürzt darstellen kann. Sie können Schwerpunkte setzen und Meinungen, die vielleicht nur am Rande geäußert wurden, zum Diskussionsergebnis erklären. Sprich: Sie können die Themen eines Meetings im Protokoll zumindest tendenziell so gewichten, wie es für Sie günstig ist. Wer vermag schon hinterher zu sagen, was wer wie gemeint hat und ob das Anliegen des Kollegen Y wirklich so viel Raum eingenommen hat ... Ein Protokoll ist ein wichtiges Instrument für die Beeinflussung innerbetrieblicher Vorgänge. Dass es von Kollegen unterschätzt wird, macht diese Möglichkeit der Selbst-PR nur noch effektiver.

Hauen, Stechen, Säbelrasseln – und wie es anders geht

Was Menschen alles tun, nur fürs Protokoll: Manche Besprechungen gleichen einem Auftritt von Gladiatoren: Es gibt Akteure und Publikum, Hauen und Stechen, Sich-in-Positur-Bringen und Selbst-Darstellen. Insbesondere Männer sind von diesem höchst ansteckenden Virus befallen: Der Wunsch, sich zu profilieren, springt von einem zum nächsten, und schon sind Abteilungserfolge aufgelistet, die den Kurs des Unternehmens ins Unermessliche steigen lassen müssten, wenn sie nicht von männlicher Eitelkeit aufgeplustert wären.

Das Bedürfnis, das eigene Team im besten Licht darzustellen und gegen die angeblichen Dumpfbirnen aus den anderen Abteilungen zu verteidigen, kennt keine Grenzen. Angehörige anderer Funktionsbereiche werden runtergemacht, bevorzugt als Versager oder als unzuverlässig dargestellt. Wenn es wichtig wird, klingt es häufig englisch. Da wird eine Belohnung zum Incentive, ein Abteilungsausflug zum Event, die Leistungsfähigkeit des Teams zur Performance. Und die hat sich natürlich seit dem letzten Meeting wieder mal steigern lassen. Besonders im Vertrieb sind solche Spielchen beliebt und erinnern stark an pubertäre Auseinandersetzungen unter der Frage: Wer hat den Längsten? Dabei achten die Beteiligten peinlich genau darauf, dass sich die Verbalergüsse über ihre Leistungen später auch wirklich im Protokoll wiederfinden.

Was machen nun Sie? Mitmischen wollen Sie nicht, solche Vergleiche sind Ihnen zu infantil? Gleichzeitig finden Sie es aber karrierestrategisch wichtig, nicht nur unter der Rubrik „Anwesende" im Protokoll aufzutauchen? Warten Sie nicht, bis das Wort an Ihnen ist. Es kommt nicht einfach so zu Ihnen, Sie müssen es ergreifen. Dabei gilt: In der Kürze liegt die Würze, und das funktioniert am besten nach guter Vorbereitung. Es lohnt sich karrierestrategisch, vor jedem Meeting eine Liste mit Punkten zu notieren, über die Sie reden können.

Diese Punkte sollten auch für die anderen als Punkte erkennbar sein. Wenn Sie sie zum Beispiel durchnummerieren, wirken Sie überzeugender, als wenn Sie sie einfach nur aneinanderreihen. Beginnen Sie also etwa mit: „Ich möchte beim Vorschlag des Herrn Groß folgende drei Aspekte zu bedenken geben ...“ Am Ende fassen Sie Ihre Kernbotschaft kurz in einem einfachen Satz zusammen. Gut, wenn Sie dabei den Protokollanten anblicken. So machen Sie einen strukturierten und sachlichen Eindruck.

Wichtig ist, dass Ihre Beiträge sich später auch im Protokoll wiederfinden, am besten gleich mehrfach. Auch deshalb lohnt es sich, kurz und bündig zu formulieren. Knackige Sätze wirken prägnanter als lange Monologe, die noch dazu die anderen langweilen und ermüden. Hilfreich ist es auch, wenn Ihre Aussagen sich deutlich von der vorherrschenden Meinung unterscheiden – natürlich ohne dass Sie lügen – oder völlig neue Aspekte beinhalten. Sie wollen die anderen schließlich auf sich aufmerksam machen.

Erfahrungsgemäß ist spätestens am Ende eines Meetings die Luft raus. Bei „Sonstiges/Vermischtes“ sitzen die meisten schon auf gepackten Koffern, daher werden diese Themen in der Regel schnell abgehandelt und ohne Diskussion ins Protokoll übernommen. Nutzen Sie das für sich! Diese Punkte werden intensiv gelesen, da sie meist nur aus kurzen Sätzen bestehen. Außerdem finden sich hier oft Infos mit Unterhaltungswert, wenn etwa Kollege X die Besprechung nutzt, um unter den Kollegen Urlauber für sein Time-Sharing-Apartment auf Mallorca zu rekrutieren.

Wenn Sie unter dieser Rubrik nun ins Protokoll aufnehmen lassen, dass Sie eine Fortbildung mit Zertifikat erfolgreich abgeschlossen haben oder interessierten Kollegen das Seminar „Projektmanagement 2008“ aus eigener Erfahrung empfehlen können, kann das nur gut für Sie sein. Es demonstriert Ihr

Engagement und Ihre Teamfähigkeit. Und wieder einmal sind Sie sichtbar geworden.

Damit sich Ihre Wortbeiträge im Protokoll wiederfinden

- → Formulieren Sie kurz, knapp und griffig!
- → Halten Sie Blickkontakt zum Protokollführer!
- → Strukturieren Sie Ihren Beitrag, zum Beispiel durch Nummerierungen („Erstens ..., Zweitens ...“)!
- → Bringen Sie Aussagen, die erkennbar im Widerspruch zu bisherigen Aussagen stehen!
- → Haben Sie keine Angst vor der Rubrik „Vermischtes“!

Nach dem Meeting ist vor dem Meeting. Das heißt, es reicht nicht, eine Besprechung glücklich hinter sich gebracht zu haben. Nein, statt Aufatmen ist jetzt Nachbereitung angesagt. Allein schon um den Überblick nicht zu verlieren, sollten Sie Ihre Notizen archivieren oder gleich zu einem sauberen Bericht aufbereiten. Pech, wenn Sie dabei schon wieder im nächsten Meeting sitzen ...

Kaffee, Tee und süße Kekse – gesund bleiben trotz Meetings

Selbst wenn alles mustergültig nach Plan abläuft: Viele Menschen leiden in Besprechungen, weil sie eigentlich lieber weiterarbeiten würden. Zum Trost gibt's Plätzchen. Süß und in allen Büros seit Jahren dieselben. Ich mag am liebsten die runden flachen mit den Kokosflocken drauf. Und natürlich Kaffee. Nicht den aus dem modernen Vollautomaten, der so herrlich nach Italien schmeckt und Bilder vom Marktplatz in Siena vor dem inneren Auge aufsteigen lässt. Nein, zu Meetings gibt es den klassischen Kaffeemaschinen-Durchlauf-Kaffee, der der Hälfte der Belegschaft Magenschmerzen verursacht. Tapfer wird dieser Kaffee gekippt, eine Tasse nach der anderen, als gäbe es kein Morgen. Natürlich gibt es ein Morgen – eines mit Bauchweh –, aber das Ritual des Kaffeeeinschenkens erfüllt in einem Meeting so viele Zwecke, dass es unverzichtbar geworden ist.

Zunächst einmal dient es der Kommunikation. Wenn der Chef spricht, hat der Rest zu schweigen. Aber die harmlose Frage an den Nachbarn, ob er einem die Kanne reichen könne oder die Milch oder den Zucker, die wird ja wohl erlaubt sein. Höflicher ist die Variante, die Nachbarn zur Rechten und zur Linken zu fragen, ob sie nicht vielleicht noch eine Tasse wollen. Mit Milch. Und Zucker. Wer also seine Stimme erheben und Sozialkontakte pflegen möchte, sich aber keinen offiziellen Beitrag in der großen Runde zutraut, dem bleibt immer noch die Kommunikation über die Kaffeekanne.

Zweitens ermöglicht der Kaffee einem zumindest vorübergehend die Flucht aus dem Meeting. Wer viel Kaffee getrunken hat, hat einen Vorwand, den Raum Richtung WC zu verlassen. Dabei empfiehlt es sich, entschuldigend mit den Achseln zu zucken und einen Kommentar abzulassen wie: „Der viele Kaffee ...“, und schon wird man verständnisvolles Nicken ernten. Und nebenbei: Der Chef hat einen gesehen. Wie wichtig das ist, wissen Sie ja schon seit dem Kapitel „Ob du da bist oder nicht: Hauptsache, bei dir brennt Licht!“.

Es spricht nichts dagegen, wenn Sie aus gesundheitlichen Gründen den Kaffee dankend ablehnen und stattdessen Ihre Kanne mit grünem Tee oder Ihre Mineralwasserflasche mitbringen. Auch diese Getränke können Sie ja den Kollegen anbieten, müssen also nicht auf den sozialen Wert des Kaffees verzichten. Und auch die Fluchtmöglichkeit wird durch andere Getränke nicht eingeschränkt.

Gleiches gilt für die Kekse. Anderen Menschen Lebensmittel anzubieten ist seit der Urzeit eine rituelle Unterwerfungsgeste mit dem Ziel der Konfliktvermeidung und der Botschaft:

Ich gebe dir meinen Teil vom Beutegut, also friss mich gefälligst nicht. Sie sollten dieses uralte Mittel zur Aggressionsvermeidung in Besprechungen ebenfalls nutzen. Es müssen ja nicht die süßen Plätzchen sein, die ohnehin keiner mehr sehen mag. Bringen Sie doch stattdessen Obst oder andere gesunde Verpflegung mit. Das Aggressionspotenzial wird spürbar zurückgehen.

Ein weiteres gesundheitliches Problem lauert in der oft unendlichen Dauer von Besprechungen oder in der Aneinanderreihung mehrerer Meetings, die in der Summe einen ganzen Arbeitstag ausmachen können. Die wenigsten wagen es, während einer Besprechung ihre Schnittchen auszupacken, obwohl das ein Gesundheitsgebot allererster Güte wäre. Aber es kostet halt – je nach Unternehmenskultur – etwas Rückgrat. Man sitzt stattdessen mit knurrendem Magen und in schlechter Luft die Zeit ab und hofft, dass es bald vorüber ist. Die Konzentration lässt nach, die passive Körperhaltung über längere Zeit macht ohnehin müde. Der Erfolg des Meetings wird durch Durcharbeiten stärker gefährdet als durch kurze Lüftungs- und Bewegungspausen. In stickiger, verbrauchter Luft kann keine frische Idee entstehen. Auch das können Sie ändern – und können sicher sein, sich damit Freunde zu machen: Viele Kollegen werden es Ihnen danken, wenn Sie für regelmäßige Lüftung und Pausen eintreten.

Die 7/24-Erreichbarkeit oder: Sie haben die E-Mail doch schon seit zwei Stunden!

Bei aller Liebe zu den Kollegen: Manchmal muss man sich gegen deren Wünsche abgrenzen und im Sinne der eigenen Gesundheit stärker auf sich achten. Dazu gehört, die Prioritäten zu klären und nach der Arbeit gut abzuschalten. Wie das geht, erfahren Sie auf den folgenden Seiten.

Das Leben unter den Post-its oder: vom Pech, nicht Nein sagen zu können

Karla L. war nur eben in der Kantine, um sich eine Flasche Apfelschorle zu besorgen. Als sie an ihren Schreibtisch zurückkehrt, kleben auf ihrer Arbeitsfläche zwei Post-its, daneben liegt eine Mappe mit einem weiteren Post-it. Auf den Klebezetteln liest sie die Sätze „komme n. klar im Fall Heuser u. baue auf deine Cleverness, danke“ und „Kevin ist krank, muss ihn von der Kita holen, danke fürs Übernehmen“. Auf der Akte steht einfach „Schatz!“

Nur damit es kein Missverständnis gibt: Karla L. ist weder Praktikantin noch als Springerin eingesetzt. Sie ist einfach nur eine nette Kollegin, die anderen in der Vergangenheit nie eine Bitte abschlagen konnte. Mit dem Resultat, dass sie nun von allen Seiten mit Arbeit überhäuft wird, als hätte sie selbst nichts zu tun. Dabei ist es keineswegs böswillige Schikane der anderen, wenn sie Karla einen Vorgang nach dem nächsten auf den Tisch legen. Sie haben aufgrund ihrer Erfahrung gedacht: Die Karla macht das schon, sie hat es ja immer gemacht. Deshalb geben sie sich beim übernächsten Mal schon nicht mehr so viel Mühe mit dem Bedanken. Am Anfang gab es für Karla ab und zu noch eine Tafel Schokolade als lieben Gruß, inzwischen gibt man sich nicht mehr so viel Mühe, sogar Abkürzungen werden verwendet.

Was hier abläuft, kennen Sie sicher auch: Natürlich nimmt man Kollegen gern einmal etwas Arbeit ab, wenn es bei denen gerade eng wird. Aber im Übermaß und langfristig kann das zu Lasten der eigenen Gesundheit gehen. Wer sich nicht wehrt, wird – nicht nur im Büro – mit Arbeit erschlagen. Sie sollten also frühzeitig Selbstschutzmaßnahmen gegen Überlastung ergreifen, indem Sie sich abgrenzen. Denn das, was

Sie leisten, wird ganz schnell zum Standard. Neinsagen kann man aber lernen. Voraussetzung hierfür ist das Eingeständnis, dass man als Konsequenz vielleicht die schlechte Laune der anderen und das eigene schlechte Gewissen in Kauf nehmen muss. Gerade wenn Menschen es von Ihnen nicht gewohnt sind, dass Sie Ihre Position verteidigen und sich gegen einen übervollen Schreibtisch zur Wehr setzen, sollten Sie mit negativen Reaktionen rechnen. Sie sind quasi der Preis, den Sie zahlen müssen für ein bisschen mehr Selbstbestimmung.

Man sollte sich nicht rechtfertigen, aber es mildert ein Nein ab, wenn es begründet wird. Sagen Sie zum Beispiel, was im Augenblick bei Ihnen oberste Priorität hat, aber seien Sie vorsichtig mit Formulierungen wie „sonst gerne" – sonst haben Sie denselben Vorgang morgen doch wieder auf dem Tisch. Elegant ist auch, sich für das gezeigte Vertrauen zu bedanken. In erster Linie ist es ja ein schöner Akt, wenn man Ihnen eine Aufgabe zutraut und gerade Sie um Unterstützung bittet, „aber die Organisation der Roadshow fordert gerade die ganze Frau". Vielleicht bietet sich auch eine Möglichkeit zu einem Teil-Nein. Das wäre etwa der Hinweis auf einen anderen hilfreichen Kollegen oder das Anbieten einer anderen Form von Unterstützung. Damit signalisieren Sie, dass Sie sich wirklich für das Anliegen des anderen interessieren. Vielleicht hilft es Ihnen, wenn Sie sich vor Augen führen, was Sie durch ein deutliches Nein gewinnen und was Sie verlieren könnten. Spätestens wenn die Gesundheit nicht mehr mitspielt, fällt es vielen Betroffenen leichter, sich abzugrenzen.

Krankschreibung? Urlaub? Nur was für Schwächlinge!

In einigen Unternehmen sind Krankheiten regelrecht verschrien. „Ein anständiger Mann wird nicht krank", „Krankheiten sind nur etwas für Schwächlinge", „Krank?! Das kannste echt nit mache!" – so und ähnlich lauten die Slogans, mit denen Menschen genötigt werden, körperliche Symptome zu ignorieren. Wie die Bertelsmann-Stiftung herausgefunden hat, gehen die meisten Deutschen auch krank zur Arbeit. Die Gründe hierfür sind vielschichtig: Rücksicht auf die Kollegen, die sonst die eigene Arbeit mit erledigen müssten, Pflichtgefühl und schließlich bei rund einem Viertel der Befragten Angst vor Nachteilen am Arbeitsplatz. Auf den ersten Blick scheint es ganz im Interesse der Betriebe zu sein, wenn sich Mitarbeiter auch krank zur Arbeit schleppen. Diese Perspektive ist jedoch kurzsichtig. Noch in den Neunzigern des letzten Jahrhunderts beherrschte das Phänomen Absentismus („Fernbleiberei") die Köpfe der Personaler, und zwar unter der Fragestellung: Wie kann man den Blaumachern auf die Schliche kommen?

Inzwischen stellte sich heraus: Präsentismus ist ein deutlich größeres Problem. Darunter versteht man die Anwesenheit am Arbeitsplatz trotz Krankheit. Wenn Mitarbeiter sich aus Angst vor Arbeitsplatzverlust oder Repressalien zum Beispiel trotz Viruserkrankung zur Arbeit schleppen und die Kollegen anstecken, liegt bald die ganze Abteilung danieder. Dann sind vielleicht alle körperlich anwesend, aber niemand ist wirklich arbeitsfähig. Qualität und Produktivität werden Schaden nehmen. Auch wenn ein Mitarbeiter, der eigentlich noch krank geschrieben ist, die zur Wiederherstellung erforderliche Zeit eigenmächtig verkürzt, hat das Unternehmen den Schwarzen Peter. Die Wahrscheinlichkeit, Krankheiten zu verschleppen und Dauerschäden durch unzureichende Genesung zu erleiden, ist hoch. Die Kosten des Präsentismus liegen nach Schätzungen weit über denen, die durch Absentismus entstehen.

Folglich sind Fehlzeiten allein als Kennzahl für den Gesundheitszustand von Arbeitnehmern nicht geeignet. Man muss auch untersuchen – und zwar am besten durch anonyme Mitarbeiterbefragungen –, wie es um das Wohlbefinden der

Beschäftigten bestellt ist. Es geht also auch um die Frage, wie und nicht nur ob jemand anwesend ist. Insbesondere psychische Erkrankungen ermöglichen häufig körperliche Anwesenheit im Betrieb, die Leistungsfähigkeit ist aber unter Umständen stark eingeschränkt. Der Mitarbeiter ist quasi psychisch abwesend, seine Produktivität dementsprechend je nach Arbeitsaufgabe deutlich reduziert. Von dem Phänomen sind viele Führungskräfte überfordert: Psychische Erkrankungen gelten vielerorts noch immer als tabu. Manch ein Chef hält sie für vorgeschobene Behauptungen, die allein darauf abzielen, die Frühverrentung voranzutreiben oder sich ein schönes Leben zu machen. Eine empfehlenswerte Lektüre hierzu ist die kostenlose Broschüre der BKK „Psychisch krank im Job – was tun?“ Sie richtet sich an Führungskräfte ebenso wie an Betroffene.

Psychische Erkrankungen

Psychische Erkrankungen sind der häufigste Grund für Frühverrentungen (Verband der Deutschen Rentenversicherungsträger). Zwischen 1997 und 2004 hat der Anteil der psychischen Erkrankungen am Gesamt-Krankheitsgeschehen um 50 Prozent zugenommen (DAK-Gesundheitsbericht). Er ist also nahezu explodiert. Folgende Ursachen für die drastische Zunahme psychischer Erkrankungen in der Arbeitswelt werden diskutiert: Der Druck am Arbeitsplatz ist gewachsen, Belastungen nehmen zu, immer mehr muss in immer kürzerer Zeit erledigt werden, für Erholungsphasen bleibt kaum noch Raum.

Sie müssen sich nicht schämen, wenn Sie krank sind. Vielleicht entlastet es Sie zu hören, dass Sie als Arbeitnehmer sogar die Pflicht haben, auf die Wiederherstellung Ihrer Gesundheit – und damit Ihrer Arbeitskraft – zu achten. Rufen Sie frühzeitig an, und lassen Sie sich zum Vorgesetzten durchstellen oder bitten Sie um seinen Rückruf. Er möchte wissen, wann er wieder mit Ihnen rechnen kann. Das ist sein natürliches Interesse. Sie sollten es ihm diesbezüglich leicht machen, indem Sie von sich aus den Kontakt suchen. Wenn Sie Ihre Krankmeldung durch eine Kollegin ausrichten lassen, wirkt das leicht wie Drückebergerei. Manche Unternehmen, wie zum Beispiel PRYMetall in Stolberg/Rheinland, kennen eine sogenannte Rote-Tage-Regelung. Sie erlaubt es Mitarbeitern, bis zu zwei Tage im Monat zu fehlen, ohne dass ein Attest vorgelegt werden muss. Ein Missbrauch ist laut Personalleitung nicht feststellbar. Wer Menschen vertraut, wird eben belohnt ...

„Das Wochenende mit der Familie?! Sie sollten mal Ihre Prioritäten klären!"

Arbeiten Sie, um zu leben? Oder leben Sie, um zu arbeiten? Bei vielen Menschen gewinnt man den Eindruck, dass die Prioritäten sich in den letzten Jahren verschoben haben und die Arbeit beinahe die gesamte Wachzeit einnimmt. Und erst, wenn der Körper streikt oder die Familie nicht mehr mitmacht, kommt ein Prozess des Umdenkens in Gang. Erst dann wird überlegt: Was will ich wirklich in diesem Leben erreichen? Was ist mir eigentlich wichtig?

Work-Life-Balance meint eine Ausgewogenheit von Arbeitsleben und Privatleben. „Leben" ist hoffentlich – auch bei Bürobeschäftigten – beides ... Diese Balance ist nicht statisch, sie muss im Grunde täglich neu ausgehandelt werden. Das erfordert einen klaren Kopf, der nicht von Arbeit vernebelt ist. Sie brauchen also eine gewisse Distanz zur Arbeit, um überhaupt wieder ins Lot kommen zu können. Das schaffen Sie durch Pausen und durch Konzentration auf das, was Sie gerade tun, etwa ganz bewusst essen oder Treppen steigen – und sofort wird Ihnen Ihr Leben strukturierter vorkommen. Wenn Sie ab und zu über Ihr Tun nachdenken, fällt es Ihnen leichter, Zeiten fürs Privatleben einzuplanen. Das ist wichtig, denn Sie werden wohl nie am Ende eines Arbeitstages denken: „Ups, nun habe ich ja noch drei Stunden ganz für mich, was mache ich jetzt bloß", oder?

So balancieren Sie Ihr Arbeits- und Privatleben besser aus

- Machen Sie regelmäßig Pausen.
- Nehmen Sie sich Zeit zum Essen.
- Bleiben Sie lieber einmal länger im Büro, statt Arbeit mit nach Hause zu nehmen.
- Akzeptieren Sie Überlastung nur für Übergangszeiträume.
- Lernen Sie, den Arbeitstag abzuschließen, ohne dass alle Vorgänge abgeschlossen sind.
- Pflegen Sie Ihre Hobbies wenigstens an einem Tag pro Monat.
- Pflegen Sie den Kontakt zu Ihren Freunden.
  Blocken Sie Zeiträume dafür!
- Gönnen Sie sich einmal pro Woche eine Stunde nur für sich.

Das Leben stellt unterschiedliche Anforderungen an uns. Wir müssen jonglieren – mit den Bedürfnissen der Familie, des Chefs und der Kollegen, manchmal auch denen der Kunden, und schließlich haben wir eigene Bedürfnisse.

Zwischen diesen Anforderungen gilt es, die Balance zu halten. Wir müssen es schaffen, allen gerecht zu werden. Keine Instanz darf zu kurz kommen. Manchen fällt es leichter, auf sich selbst achtzugeben, wenn sie sich mental in die Zukunft beamen und ihr jetziges Leben als Altersvorsorge für die Zeit in zwanzig oder dreißig Jahren betrachten: Wie will ich dann leben? Wie soll mein Körper aussehen? Wer soll zu meinem sozialen Netzwerk gehören? Welche Hobbys will ich pflegen? Da ein Körper, den man nicht pflegt und fordert, mit den Jahren an Leistungsfähigkeit verliert, lässt sich aus dieser Zukunftsvision Motivation schöpfen, um heute schon körperlich aktiv zu werden. Gleiches gilt für Hobbys, seelische Ausgeglichenheit oder Eingebundensein in die Familie oder in Vereine: Alles will bereits heute angelegt sein und gepflegt werden. Es kann aber auch zu viel des Guten werden.

Um einer Überforderung vorzubeugen, hilft das Bild von den verschiedenen Lebenshüten. Von Professor Lothar Seiwert stammt die These, dass jeder Mensch unterschiedliche Lebenshüte besitzt, die er sich quasi abwechselnd aufsetzt.

Sie haben zum Beispiel je einen Lebenshut mit der Aufschrift „Büro“, einen mit „Partner/Partnerin“, „Freund/Freundin“, „Vater/Mutter“, „ehrenamtlicher Fußballtrainer“ oder „Pfarrgemeinderatsvorsitzende“. In regelmäßigen Zeitabständen sollte man darüber nachdenken, welche Hüte man noch gerne trägt und für welche es Zeit wird, sie abzulegen. Vielleicht macht es Ihnen ja schon lange keinen Spaß mehr, den Vereinsvorsitzenden zu mimen. Dann sollten Sie das Amt niederlegen, denn Ihre Lebenszeit ist zu kostbar, um sie freiwillig mit Dingen anzufüllen, auf die Sie genauso gut verzichten könnten. Vielleicht findet sich eine andere, befriedigendere Form des sozialen Engagements?

Um das herauszufinden, brauchen Sie regelmäßige Zäsuren in Ihrem Alltag, zum Beispiel einmal pro Quartal. An diesem Tag nehmen Sie sich drei bis vier Stunden Zeit und reflektieren, wie es Ihnen so geht mit Ihrem Leben. Am besten machen Sie sich direkt Notizen dazu. So können Sie Ihre Weiterentwicklung im zeitlichen Abstand leichter verfolgen. Gönnen Sie sich so einen Termin mit sich selbst!

Viele Menschen nehmen real oder mental Arbeit mit nach Hause. Das spricht für ihren Arbeitseifer. Aber es spricht gegen eine gute Erholung, denn Erholung bedeutet in erster Linie das Schaffen eines Kontrastprogramms. Sie brauchen nach Feierabend etwas anderes. Wenn Sie tagsüber schwer körperlich arbeiten, dürfen Sie sich abends ausruhen – andernfalls sollten Sie sich abends bewegen. Wenn Sie tagsüber kaum Kontakt zu anderen haben, brauchen Sie den abends umso mehr, und umgekehrt. Wenn Sie den ganzen Tag über am Bildschirm gesessen haben, ist es für Ihre Psyche schwer zu verstehen, dass es Freizeit sein soll, wenn Sie abends in fast derselben Haltung schon wieder vor einem Bildschirm sitzen.

Der wichtigste Tipp für erfolgreiches Abschalten lautet daher: Schalten Sie ab! Fernsehen, aber auch Radio und Laptop. Hilfreich für erfolgreiches Abschalten ist außerdem die Etablierung von Abschalt-Ritualen. Dazu gehört zum Beispiel, dass Sie zum Ende des Arbeitstages den Schreibtisch aufräumen und noch einmal überlegen: Was war heute? Was habe ich geschafft? Beenden Sie jeden Arbeitstag mit immer demselben Gedanken, etwa beim Runterfahren des PC: „Puuuh, Feierabend!“ So etablieren Sie einen neuen Schlüsselreiz im Kopf.

Auf der Heimfahrt gehen Sie dann in Gedanken noch einmal den Tag durch, sodass Sie innerlich mit der Arbeit abgeschlossen haben, wenn Sie die Haustür öffnen. Schlüsselreize können hier sein, dass Sie wieder „Feierabend!“ denken oder sagen, sobald Sie die Uhr abmachen oder – als Frau – den Schmuck ablegen. Das bewusste Anziehen von Freizeitkleidung hilft Ihnen ebenso beim Abschalten.

Richtig abschalten

- Gehen Sie noch im Büro den Tag in Gedanken durch.
- Gleichen Sie Ihre Leistungen mit Ihrer Aktivitätenliste ab.
- Sorgen Sie für Ordnung, auch im Kopf, indem Sie aufräumen und den morgigen Tag vorbereiten.
- Nutzen Sie die Heimfahrt zum Umschalten aufs Privatleben: Worauf freuen Sie sich? Stellen Sie sich das lebhaft mit allen Sinnen vor!
- Etablieren Sie auch daheim einen Schlüsselreiz, zum Beispiel indem Sie beim Ablegen von Schlips oder Schmuck abermals denken „Puuh, Feierabend“.
- Tauschen Sie sich daheim für eine begrenzte Zeit mit dem Partner/ der Partnerin über Ihren Arbeitstag aus. Und dann machen Sie beide bewusst etwas ganz anderes.

Besser ein durchnummeriertes Chaos als gar keine Arbeitsorganisation

Durch schlechte Organisation macht sich manch ein Bürotäter selbst das Leben schwer. Und dann gibt es da noch die lieben Kollegen. Lesen Sie hier, wie es gelingt, selber den Überblick zu behalten und außerdem Verständnis für Controller und andere schwierige Zeitgenossen zu entwickeln.

„Müller, wo bleiben die Zahlen?!" Warum Deadlines immer zu knapp sind

Der Blick auf den Schreibtisch eines Menschen offenbart oft mehr über ihn, als er selber glaubt. Bei dem einen herrscht akribische Rechtwinkligkeit, alle Stifte sind parallel ausgerichtet, alle Nachfüllmaterialien sind griffbereit, und auf dem Schreibtisch liegt nur der aktuelle Vorgang. Wird mit Maus und Tastatur gearbeitet, so befindet sich gar kein weiterer Gegenstand auf dem Tisch. Menschen, die so arbeiten, gibt es. Und es gibt das andere Extrem von Büroarbeitern. Da quellen Schreibtisch, Regale und Papierkorb über, Post-its finden ihre natürliche Heimat am Rand des Monitors, Stapel von Papieren übersäen jede waagerechte Fläche. Beide Menschen können kreativ sein, beide können einen guten Job machen – nur im selben Büro sollte man sie nicht unterbringen, denn bei so unterschiedlicher Arbeitsweise sind Konflikte vorprogrammiert.

Den meisten Menschen fällt es leichter, in einer geordneten Arbeitsumgebung gute Leistungen abzuliefern. Nehmen Sie Ihr Verhalten kritisch unter die Lupe: Können Sie sich schwer von Nicht-ganz-so-wichtigen-Unterlagen trennen („kann man immer noch mal brauchen")? Leiden Sie unter Aufschieberitis („dafür muss ich fit sein")? Neigen Sie zu exzessiver Absicherung von Entscheidungen („was wohl Kollege X davon hält?")? Damit machen Sie sich selbst das Leben schwer. Aber Verhalten kann man ändern. Zum Beispiel kann jeder mit wenig Aufwand ein strukturiertes Ablagesystem einrichten, auch in Form von Ordnern auf dem PC. Hier hinein wird ein- oder zweimal pro Tag jeder Vorgang sortiert, der auf den Schreibtisch kommt, auch in E-Mail-Form. Das meiste sollte direkt in den Papierkorb wandern – haben Sie Mut zur Lücke. Alles, was Sie notieren, entlastet Ihren Kopf. Daher sollten Sie sich angewöhnen, Listen über Ihre Aktivitäten zu führen, und zwar am besten mit voraussichtlichem Zeitbedarf, sodass Sie Ihren Tag – inklusive Pausen! – leichter planen können.

So verbessern Sie Ihre Arbeitsorganisation

- Werfen Sie Unwichtiges sofort in die Rundablage (Papierkorb)!
- Bilden Sie ein Ablagesystem statt Stapel!
- Leeren Sie zweimal täglich den Eingangskorb (auch bei E-Mails)!
- Planen Sie keine Aufgaben ohne Zeitplan!
- Legen Sie alle für die aktuelle Aufgabe benötigten Unterlagen auf Ihren Schreibtisch!
- Schützen Sie sich vor Ablenkung!
- Machen Sie regelmäßige Pausen!
- Bringen Sie alles bis zum Ende!
- Misten Sie zweimal jährlich aus!

Nur mit einem Zeitplan können Sie sicherstellen, dass Sie eine Deadline einhalten. Dazu sollten Sie Pufferzeiten berücksichtigen und Ihre Prioritäten klären: Was ist jetzt in diesem Moment die dringendste und was ist die wichtigste Aufgabe? Häufig beschäftigen wir uns mit Dingen, die nur dringend, aber nicht wirklich wichtig sind, und verlieren darüber langfristigere Ziele aus den Augen, wie zum Beispiel eine Deadline für einen Auftrag, die schon vor zwei Monaten festgesetzt wurde. Ziehen Sie ein- bis zweimal pro Woche Bilanz und checken Sie dabei kurz- und langfristige Aufgaben.

Prioritäten setzen – das ist manchmal leichter gesagt als getan. Manchmal hilft eine Prioritätenmatrix. Dazu listen Sie zunächst durchnummeriert alle Aufgaben untereinander auf. Dann nehmen Sie sich jeweils zwei untereinanderstehende vor und schreiben dahinter die Zahl der aktuell wichtigeren Aufgabe. So fahren Sie fort, bis alle Punkte der Liste durchgearbeitet sind. Auf diese Weise haben Sie Ihre Aufgaben bereits um die Hälfte reduziert, denn nun stehen ja nur noch halb so viele Punkte untereinander. Mit dieser Technik fahren Sie fort, bis Sie ganz rechts nur noch eine Aufgabe stehen haben. Sie hat im Moment oberste Priorität. In dem Beispiel unten wäre das die Aufgabe 8.

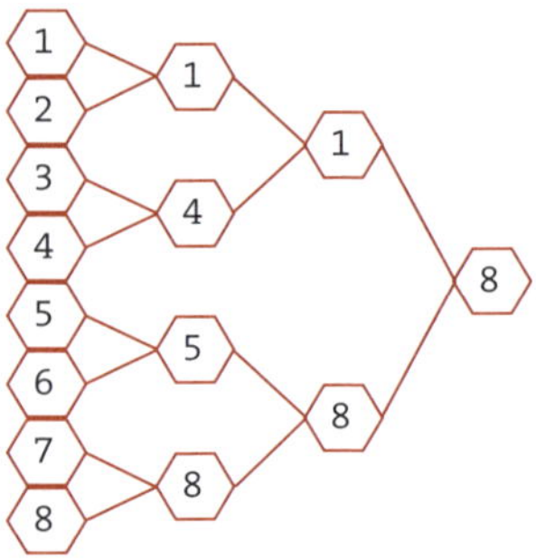

So verbessern Sie Ihr Zeit-Management

- Verplanen Sie maximal 40 Prozent Ihrer Zeit und reservieren Sie den Rest für Unvorhergesehenes.
- Klären Sie Ihre Prioritäten!
- Erledigen Sie Unangenehmes zuerst!
- Notieren Sie Ihre Aktivitäten in Listen, die Sie abhaken können!
- Erledigen Sie Ihre Telefonate am Stück! Gleiches gilt für Ihre E-Mails!
- Haben Sie Mut zur Lücke – und zum Wegwerfen!
- Ziehen Sie Bilanz und kontrollieren Sie Veränderungen Ihres Verhaltens!

Dreh dich nicht um, der Controller geht um – und sicher fehlen 2,30 Euro!

Auch wenn es anders aussieht: Der Controller meint es nicht böse. Er hat es auch nicht auf Sie abgesehen, wenn er immer wieder nachfragt wegen irgendwelcher Winzigkeiten. Es ist einfach sein Job. Und den will er – genau wie Sie den Ihren – so gut wie möglich machen. Am einfachsten lebt es sich mit dieser Spezies Mensch, wenn man die wiederholten Quengeleien nicht als persönlichen Angriff wertet. Sie liegen in der Natur der Sache, genauer: in der Struktur Ihres Unternehmens, begründet. Der Betrieb hetzt Sie beide quasi aufeinander, aber nur zu Ihrem Besten, nämlich um sicherzustellen, dass im Betrieb alles seinen ordnungsgemäßen Gang geht und Entgleisungen frühzeitig erkannt werden. Es macht folglich keinen Sinn, den Controller als persönlichen Feind zu betrachten. Sie arbeiten schließlich beide fürs selbe Unternehmen. Es ist ungefähr so, als würden Sie beide am selben Teppich knüpfen – nur halt jeder an seinem eigenen Eck.

Angenommen, es ist Ihr Job, den Controller (zum Beispiel den Terminplaner) regelmäßig mit Informationen über den Stand der noch vorhandenen und schon verbrauchten Ressourcen bei einem Projekt zu versorgen. Nun ist regelmäßig ein sehr dehnbarer Begriff. Für Sie bedeutet dieses Nachhalten viel Arbeit, die Sie am liebsten nur alle vier Wochen erledigen, wenn Sie ohnehin am Monatsbericht sitzen. Oder noch lieber nur einmal pro Quartal. Denn schließlich handelt es sich in Ihren Augen um eine nervige Tätigkeit, die Sie aufhält. Eigentlich würden Sie lieber weiterarbeiten. Stattdessen müssen Sie sich mit langweiligem Zahlenkram beschäftigen. Das tut niemand freiwillig und vor allem nicht gern. Also ist es menschlich, sich diesem unangenehmen Thema erst mal nicht weiter zu widmen. Andererseits ist es natürlich nicht gut fürs Ego, wenn allmorgendlich ein Anruf kommt: „Wo bleiben die

Zahlen?!“ Man fühlt sich immer irgendwie defizitär. Als hätte man etwas falsch gemacht. Geschlampt, geschludert. Man fühlt sich schlecht.

Gleichzeitig regt sich Ärger. Der Zahlenfuzzi soll mal besser mitarbeiten, dann könnte man das Geld für seine Stelle einsparen oder hätte einen Mann mehr, der an der Front schafft. In Ihren Augen ist der Job des Terminplaners vielleicht sogar überflüssig. In jedem Fall nervt der Typ Sie. Diese Logik ist nicht völlig von der Hand zu weisen. Wenn einer arbeitet und drei Leute kontrollieren, was er tut, dann stimmt etwas im Gefüge nicht. Natürlich können Unternehmen es theoretisch ein bisschen übertreiben, was das Controlling angeht. Das soll hier gar nicht in Abrede gestellt werden. Aber ich möchte ein bisschen für Verständnis werben, was die Arbeit des Controllers angeht. Außerdem: Abschaffen können Sie ihn eh nicht, also macht es Sinn, sich mit ihm zu arrangieren. Und das geht leichter, wenn Sie sich in ihn hineinversetzen.

Der Terminplaner fragt ja nicht zu seinem Vergnügen, auch wenn es manchmal so scheint. Er braucht Ihre Angaben, um einen sauberen Terminplan aufzustellen, und für ihn ist das Quengeln auch nervig. Er fühlt sich dann wie eine lästige Fliege, die man schnell loswerden möchte. Ein unschönes Gefühl, das nebenbei bemerkt auch ganz schön das Selbstwertgefühl angreifen kann. Der Terminplaner muss aber dem Kunden oder dem Projektleiter „reporten“, wie weit das Projekt gediehen ist, das ja immerhin auch Ihr Projekt ist, also muss er Sie fragen, wieder und wieder. Im Idealfall sind Sie sogar „ahead schedule“, also schneller oder günstiger als der ursprüngliche Plan es vorsah. Dann können Sie mit einer freudigen Reaktion des Terminplaners rechnen, der sich seinerseits auf eine freudige Reaktion des Kunden oder des Projektleiters freut. Freude auf allen Seiten. Und die gäbe es – mitten im Projekt – nicht ohne die Arbeit des eifrigen Terminplaners. Sehen Sie den

Terminplaner also besser als Verbündeten in der großen Sache Projekt. Unterstützen Sie ihn, auch wenn es Sie Zeit kostet. So erleichtern Sie ihm den Job und ersparen sich nervige Dialoge.

Souveräner Umgang mit Terminplanern und anderen Controllern:

- Machen Sie sich klar: Auch er ist nur ein Mensch.
- Er macht nur seinen Job. Und er will ihn so gut wie möglich machen.
- Nehmen Sie seine Quengeleien nicht persönlich.
- Erleichtern Sie sich und ihm die Arbeit, indem Sie feste Absprachen treffen und einhalten. Wenn Sie eine Zusage nicht halten können, sollten Sie ihm auch das frühzeitig mitteilen.

Wenn Sie auch mit Kollegen aus anderen Abteilungen klarkommen wollen, sollten Sie auch deren Arbeit als einen wichtigen Beitrag zum Unternehmen wertschätzen. Wichtig ist, miteinander ins Gespräch zu kommen – warum also zum Beispiel nicht einmal mit dem Controller mittagessen gehen und ihn so näher kennenlernen?

Schuld sind immer die anderen …

Das Beispiel Controller weist auf ein weitverbreitetes Phänomen hin: Das „Schuld-sind-immer-die-anderen-Syndrom“. Man neigt dazu, anderen die Schuld zu geben an Missständen aller Art, weil man übersieht, dass die anderen auch nur ihre Ziele verfolgen wollen. Das erinnert an die aufbrausenden Schreie von Kindern, die sich zu Unrecht getadelt fühlen: „Aber der hat angefangen!“ oder „Ich hab doch nur …, weil der vorher …“ Im Büro ist diese kindlich-naive Argumentationsstruktur auch zu finden, und zwar vor allem dort, wo Arbeiten streng verteilt sind und jeder nur für einen Teilbereich zuständig ist statt für eine Gesamtaufgabe. Da geht leicht der Überblick verloren, und häufig ist nicht die Zeit für die Kommunikation, die eigentlich nötig wäre, um Missverständnisse zu vermeiden.

Natürlich sind immer die anderen schuld, wenn die Reklamation eines genervten Kunden hereinkommt. Niemand fühlt sich wirklich verantwortlich für die Lösung des Kundenprobems. Stattdessen möchte jeder gern schnell ins System eingeben: „erledigt" – und auch die Weiterleitung an eine Nachbarabteilung verdient dieses Attribut, weshalb inflationär von dieser Möglichkeit Gebrauch gemacht wird. Kann man ja auch irgendwie verstehen: Es ist wirklich ein schönes Gefühl, wenn auf diese Weise am Ende des Tages 30 Mal „erledigt" auf dem Screen steht.

Wer sich dagegen im Interesse des Kunden um die Lösung bemüht, steht zwar innerbetrieblich nicht so erfolgreich da, er erlebt aber vermutlich seine Arbeit als befriedigender. Kennen Sie das? Dieses gute Gefühl, wenn Sie sich so richtig in eine Angelegenheit hineinknien, bis die Sache zum Erfolg führt? Wenn Sie es schaffen, das Kundenproblem als Herausforderung zu sehen, lenkt das Ihre Gedanken in eine positive Richtung. Dann geht es nicht mehr um die leidige Schuldfrage. Die bezieht sich nämlich immer auf die Vergangenheit. Sinnvoller – nicht nur für den Kunden – ist die zukunftsweisende Frage: Wie kann man das lösen? Noch besser: Wie kann ich das jetzt lösen? In dem Moment übernehmen Sie Verantwortung für eine Aufgabe und werden im Idealfall mit Gefühlen von Befriedigung belohnt, die allemal wohltuender sind als das missmutige Suchen nach Schuldigen.

Natürlich kann es trotzdem einmal vorkommen, dass ein Kollege einem die Schuld gibt an einem versemmelten Auftrag. Man fühlt sich angegriffen, will aber auch nicht als Mimose verschrien werden. Was macht man? Man tut so, als stünde man über den Dingen, reagiert äußerlich kühl. Oder man verteidigt sich, führt Rechtfertigungsgründe ins Feld, kämpft um seinen guten Ruf. Beide Reaktionsformen sind nicht lösungsorientiert. Sie resultieren daraus, dass man sich als Person abgewertet fühlt. Man kann aber lernen, nicht alles persönlich zu nehmen, indem man sich klarmacht: Der Kollege meinte gar nicht mich als Person, er meinte einen Teilbereich meiner Leistung, und es ging ihm um die Sache als solche; vielleicht habe ich wirklich etwas falsch gemacht. Das sollte man prüfen, und danach kann man immer noch Gründe für sein Verhalten anführen und es rechtfertigen – dann hat man aber eine wohltuende Distanz erlangt.

Vorsicht Falle! Die ersten Tage im neuen Job

Was soll ich anziehen? Wohin soll ich mich setzen? Was darf ich erzählen, und wem kann ich vertrauen? Der Anfang im neuen Job ist gespickt mit Fallstricken. Wie Ihnen die Anpassung ohne Selbstverleugnung gelingt, zeigen Ihnen die nachfolgenden Ausführungen.

Nix wie rein? Geschickter Umgang mit den neuen Kollegen

Gratulation! Sie haben eine neue Stelle und freuen sich auf die Arbeit und die Kollegen. Aber vermutlich ist da auch ein bisschen Unsicherheit: Wie soll ich auftreten, was soll ich anziehen, wie verschaffe ich mir einen möglichst guten Start? Die Devise „nix wie rein" ist nicht unbedingt zu empfehlen. Wer kennt sie nicht, die neuen Kollegen, die direkt am ersten Morgen einem nach dem anderen die Hand reichen und mit strahlendem Gesicht freudig verkünden: „Ich bin die Konny." Was auf den ersten Blick vielleicht selbstsicher aussieht, ist bei näherer Betrachtung nicht nachahmenswert. Es gilt im Gegenteil zumindest in westeuropäischen Kulturen als sozial kompetenter, sich als Neuling in einer Gruppe zunächst freundlich, aber zurückhaltend zu geben und die anderen den ersten Schritt zur Beschnupperung machen zu lassen.

Der wichtigste Austragungsort für Netzwerkflechtungen in den ersten Tagen ist: die Kantine. Oder auch: das Betriebsrestaurant. Sie sollten als Neuling unbedingt mitgehen, um sich mit den Gepflogenheiten der Kollegen vertraut zu machen. Außerdem tut es auch Ihrer Gesundheit gut, wenn Sie mal vom Schreibtisch wegkommen und sich ein paar Schritte bewegen. Sie haben die große Auswahl, sofern Sie nicht mit der Tupperdose zum Essen gehen. Das ist zwar grundsätzlich zu empfehlen, sofern Sie abends warm essen und nicht zu viele Kalorien zu sich nehmen wollen, aber in den ersten Tagen würde ich Ihnen davon abraten, weil es nach Absonderung aussieht – zumindest wenn Sie der einzige Mensch mit Tupperdose sind.

Für den Neuling ist die zweite und wichtigste Frage: Wohin setze ich mich? Am besten gehen Sie jeden Tag mit einer anderen Gruppe essen. Gerade am Anfang werden Sie sonst schnell von Kollegen als fester Teil einer Clique angesehen. Das wäre aber schade, denn Sie brauchen Informationen von allen Seiten, um Ihr Netzwerk aufzubauen. Nach zwei Wochen können Sie sich dann entscheiden, welche Gruppe Ihnen am meisten zusagt. Aber Sie sollten sich nicht zu schnell in Ihren Wahlmöglichkeiten beschneiden. Vielleicht gibt es ja auch in anderen Cliquen nette Leute – und nicht nur in der, die Sie freundlicherweise als erste unter ihre Fittiche nehmen will. Sie konnten deren Einfluss nicht entkommen und stehen nun zum wiederholten Mal mit denselben Leuten in der Schlange vor den Tabletts? Dann müssen Sie eben noch mal schnell aufs WC – und wenn Sie zurückkommen, hat „Ihre" Gruppe längst irgendwo ohne Sie Platz genommen, und Sie haben freie Wahl.

Auch am Arbeitsplatz sollten Sie darauf achten, sich nicht von einem bestimmten Kollegen in Beschlag nehmen zu lassen. Wenn möglich, sollten Sie öfter mal Ihren Schreibtisch verlassen und auch zu anderen Kollegen Kontakt aufnehmen. Es gibt viele Themen, die sich als Aufhänger für Gespräche eignen: Die nächstgelegenen Waschräume, der Nachschub an Büromaterialien, der nicht funktionierende Drucker, das nicht aufzufindende Handbuch mit Erläuterungen, und notfalls auch das Wetter. Sie müssen sich nichts aus den Fingern saugen. Zeigen Sie einfach Interesse an der Arbeit der Kollegen, indem Sie Fragen stellen, ohne zu nerven oder Dinge besser wissen zu wollen. Durch Fragen bringen Sie dem Gegenüber Wertschätzung entgegen. Und natürlich sollten Sie sich helfen lassen und auch Ihrerseits Hilfsbereitschaft signalisieren. Ein Ausufern in Richtung Ausnutzen sollten Sie aber frühzeitig verhindern.

Sicherer Smalltalk in den ersten Tagen im Job:

- Wählen Sie unverfängliche Themen wie Sozialräume, Unternehmensausweis, Anbindung mit öffentlichen Verkehrsmitteln.
- Nehmen Sie Aufhänger, die offensichtlich sind, zum Beispiel die Fotos vom Pudel des Kollegen oder die selbst gemalten Bilder von Enkelkindern!
- Berichten Sie ruhig von eigenen kleinen Missgeschicken wie einem Fehler beim Bedienen des Ihnen unvertrauten Kaffeeautomaten. Fehler machen ist menschlich und damit sympathisch.

Am Anfang werden Sie sich vermutlich bemühen, sich bei den Kollegen beliebt zu machen. Hierfür gilt der Grundsatz: Ähnlichkeit schafft Sympathie, und Sympathie schafft Ähnlichkeit. Sie gehen gemeinsam in die Kantine? Ähnlichkeit! Sie bevorzugen denselben Kleidungsstil? Ähnlichkeit! Sie trinken auch gern grünen Tee? Ähnlichkeit! Natürlich sollten Sie sich nicht überanpassen oder gar zum Klon machen. Aber in den ersten Tagen ist Anpassung wichtiger als die allzu offensichtliche Demonstration von Individualität. Ihre Persönlichkeit wird sich im Laufe der Zeit ohnehin offenbaren. Aber wenn es Ihnen wichtig ist, sich beliebt zu machen, sollten Sie zu Beginn zurückhaltend sein, was Ihre individuellen Besonderheiten oder Vorlieben angeht.

Geschniegelt und gestriegelt? Der Verhaltenskodex für die ersten Tage

Was ziehe ich an? Gefragt ist hier der goldene Mittelweg. Ihre Bekleidung sollte weder superschick noch underdressed sein. Vielleicht gibt es eine Art Dresscode, der in Ihrer Branche üblich ist? Ein Banker wird sich natürlich anders anziehen als der Grafiker einer Werbeagentur. Dass Sie am ersten Tag eine Spur zu schick erscheinen, wird man Ihnen sicher ebenso nachsehen wie die Aufregung und den roten Kopf. Schließlich ist der erste Tag etwas Besonderes. Danach aber sollten Sie sich den Gepflogenheiten in Ihrer Abteilung anpassen, um Ihre Integration zu erleichtern. Wenn Sie die Bekleidung der Kollegen in den ersten zwei, drei Tagen unauffällig beobachten, bekommen Sie ein Gespür dafür, was in Ihrem neuen Betrieb geht und was nicht.

Einstand – ja oder nein? Wenn Sie ein geselliger Mensch sind, können Sie sich damit auf einen Schlag bekannt machen. Und wenn Sie noch Karriere in dem Unternehmen machen wollen, ist so ein Einstieg mit offiziellem Charakter, zum Beispiel nach drei Wochen, unbedingt empfehlenswert. Spätestens danach werden Sie nie mehr allein in die Kantine gehen müssen. Man kennt Sie. Wenn Sie ein schüchterner Typ sind, ist es Ihnen aber vielleicht unangenehm, so im Mittelpunkt zu stehen und womöglich noch ein paar Sätze laut sagen zu müssen. Dann bleibt Ihnen nur der langsamere Weg über das Knüpfen vieler Einzelkontakte. Vielleicht können Sie sich zu einem Mini-Einstand in Form eines selbst gebackenen Kuchens aufraffen? Wichtig sind ja nicht die wohlklingenden Begrüßungsworte. Wichtig ist, den anderen das Signal zu geben: Ich freue mich, dass Sie meine neuen Kollegen sind.

Als Neuling sollte man warten, bis die Kollegen das Du anbieten. Man kennt ja die Kollegen noch nicht. Wer zu schnell von sich aus aufs Du umschwenkt, gilt als kumpelhaft. Das macht es zwar zu Beginn scheinbar leichter, mit den Kollegen ins Gespräch zu kommen, lässt sich aber später nicht mehr rückgängig machen. Vielleicht stellt man dann fest, dass man mit dem Kollegen nicht so gut kann und das Sie angemessener wäre. Wenn Ihnen das Du angeboten wird und Sie Ihr Gegenüber sympathisch finden, können Sie darauf eingehen. Ebenso dürfen Sie sich aber auch dagegen entscheiden, vor allem wenn andere Kollegen sich auch untereinander siezen („ich kenne ja hier noch keinen, und ich bin eher zurückhaltend; wenn wir das noch ein bisschen aufschieben, können wir später mal Brüderschaft trinken").

Ein absoluter Fauxpas in der Anfangszeit ist das Mitmachen bei Lästereien. Am besten ist ohnehin, man beteiligt sich nie daran, aber in den ersten Tagen gräbt man sich damit sein eigenes Grab. Schließlich kennt man die soziale Struktur am neuen Arbeitsplatz noch nicht. Man weiß also zum Beispiel nicht, wer mit wem befreundet ist und wer wem was brühwarm weitererzählen wird. Negative Äußerungen sollte man sich daher zu Beginn grundsätzlich schenken. Auch hinsichtlich fachlicher Kritik ist in den ersten Tagen Zurückhaltung angesagt. Man kennt die Arbeitsabläufe noch nicht gut und steht sonst leicht als Besserwisser da. Falls Ihnen etwas Unproduktives auffällt, können Sie ja arglos fragen: „Warum macht man das in dieser Reihenfolge und nicht umgekehrt, hat das einen Grund?"

Wie ein offenes Buch? Die Leichen im Keller lassen

Ein Neuer betritt das Unternehmen. Da ist die Neugier groß, und zwar auf beiden Seiten. Man selbst ist gespannt, was und wer einen erwartet. Und auch die Kollegen wollen natürlich möglichst viel erfahren über das neue Unternehmensmitglied und seine Biografie. Dazu gehören auch Fragen nach der beruflichen Vergangenheit – am besten bereiten Sie sich darauf vor, damit Ihnen nicht im entscheidenden Moment etwas herausrutscht, was Sie später eventuell bereuen. Man sollte keine schmutzige Wäsche waschen in Bezug auf den alten Arbeitgeber. Es geht die neuen Kollegen einfach nichts an, ob er sich auf Betriebsfeiern regelmäßig die Kante gegeben hat oder dass seine Frau ihn mit dem Leiter Vertrieb vor aller Augen betrogen hat. Auch über das Betriebsklima im alten Unternehmen sollten Sie nicht zu detailreich reden. Belassen Sie es einfach bei einem „das war in Ordnung“ oder „hier ist es noch besser“.

Vorsicht auch vor dem gegenteiligen Extrem: In keinem Fall sollten Sie den alten Arbeitgeber besser dastehen lassen als den neuen. Zum Einen stellt sich dann die Frage: Warum hat er das Unternehmen verlassen, wenn der alte Chef doch so super war? Dann stünden Sie selbst blöd da, das könnte unangenehm werden. Und zweitens könnten sich Ihre Kollegen abgewertet fühlen, wenn sie in einer Firma tätig sind, wo der Vorgesetzte nicht so gut führt oder das Kantinenessen schlechter ist oder man mit Firmenwagen so geizig ist. Das sorgt für unangenehme Gefühle. Selbst wenn Sie denken, dass Sie es in der neuen Firma weit schlechter getroffen haben als im alten Betrieb, sollten Sie dies für sich behalten. Sofern die Kollegen hartnäckig nachfragen, sind ausweichende Antworten empfehlenswert, zum Beispiel: „Jedes Unternehmen ist anders, das kann man nicht vergleichen.“ So wird ein Besser-schlechter-Vergleich vermieden.

Überhaupt sollte man als neues Unternehmensmitglied nicht zu viel von sich preisgeben. Natürlich macht Offenheit durchschaubar und damit sympathisch, aber Informationen aus dem Privatleben sollten am Anfang eher dosiert gestreut werden. Aus Familienstand, Kinderzahl und Wohnort braucht man kein Hehl zu machen, das ist klar. Aber sobald es über die harten Fakten hinausgeht, ist Vorsicht angesagt. Vielleicht bereut man es schon bald, dass man zu Beginn so offenherzig über die kurz zurückliegende Scheidung oder die Schulprobleme des Ältesten gesprochen hat. Ihre Offenheit sollte sich weniger in Ihren Worten als in Ihrem Gesicht ausdrücken. Wer statt eines Pokerface eine offene lebendige Mimik und natürlich Interesse am Gegenüber zeigt, kommt auch dann gut an, wenn er sich selbst mit persönlichen Informationen eher zurückhält.

Ohne Ziele keine Wege: die Probezeit gut überstehen

„Es läuft gut, also werde ich wohl übernommen", denken die meisten. Aber manch ein motivierter Neumitarbeiter ist schon nach sechs Monaten aus allen Wolken gefallen, weil der rückgratlose Chef sich erst dann mitzuteilen traute, dass er zum Ende der Probezeit die Zusammenarbeit als beendet ansieht. Das gilt es in jedem Fall zu verhindern, und zwar durch das Einholen von Rückmeldung über das eigene Leistungsverhalten schon während der Probezeit. Das verursacht Herzklopfen, ist aber unverzichtbar. Zu Ihrer eigenen Absicherung sollten Sie mit Ihrem Vorgesetzten klare Ziele absprechen und schriftlich fixieren. Dann fällt das Vereinbaren von Feedbackgesprächen leichter.

Gerade als Neuling ist man ständig gefährdet, undeutlich markierte Reviergrenzen zu überschreiten. Wer seinen Smart am ersten Morgen vor lauter Aufregung auf den Parkplatz des Geschäftsführers stellt, weil er keinen anderen freien Platz finden konnte und das Schild mit der Aufschrift des Chef-Kennzeichens schon verblasst war, bekommt diesen Vorfall garantiert noch Jahre später aufs Butterbrot geschmiert. Ein Pate kann einen vor solchen Fettnäpfchen vielleicht bewahren. Letztlich aber sind Fehler in den ersten hundert Tagen unvermeidlich. Entscheidend ist, wie man damit umgeht. Also am besten weder vor Angst erstarren noch versuchen, sie zu vertuschen. Wer über sich selbst lachen kann und sich gegebenenfalls entschuldigt, wird die Erfahrung machen: Fehler machen sympathisch.

Die ersten hundert Tage im Job

- Gehen Sie in den ersten Tagen mit möglichst vielen unterschiedlichen Leuten zum Essen.
- Machen Sie sich vertraut mit den Gepflogenheiten Ihrer neuen Kollegen, indem Sie durch Fragen Ihr Interesse zeigen an deren Arbeitsinhalten und -organisation.
- Knüpfen Sie Ihr soziales Netz in möglichst verschiedene Richtungen.
- Passen Sie sich zunächst an, ohne sich zu verbiegen, und zeigen Sie Ihre Persönlichkeit erst später.
- Sprechen Sie nicht zu viel von Urlaub und Überstunden-Abfeiern.
- Gehen Sie Arbeit und Kontakte eher langsam an, statt vorzupreschen.
- Achten Sie auf eindeutig festgelegte Ziele für Ihre Arbeit und vereinbaren Sie Feedbacktermine.

Die lieben Kollegen

Intim im Team: Liebe und Freundschaft im Büro

Nirgendwo verliebt es sich leichter als im Büro. Und nirgendwo sind Trennungen peinlicher. Wer nicht zum Gesprächsstoff werden möchte, sollte ein paar Regeln beachten. Das gilt für Turteltäubchen ebenso wie für best friends. Außerdem finden Sie hier Tipps zum Vorgehen gegen sexuelle Übergriffe.

Der Lovecode für den Arbeitsplatz

Die Statistik zeigt: Fast jeder Zweite hatte schon einmal eine Affäre am Arbeitsplatz, und je nach Quelle werden zwischen zehn Prozent und einem Drittel aller Ehen im Büro gestiftet. Die Liebe im Büro ist also weitverbreitet. Kein Wunder, ist das Büro doch die ideale Kontaktbörse. Es ist praktisch, und günstig dazu, mal rein aus ökonomischer Perspektive betrachtet. Man muss sich nicht stundenlang vorm Spiegel aufstylen und dann hinaus in die kalte Welt, wo man mit fragwürdigen Baggermethoden versucht, mit dem Objekt der Begierde in Kontakt zu kommen. Nein, im Büro ist es warm und trocken, die Auswahl potenzieller Partner ist groß, die Partnersuche lenkt angenehm von der Arbeit ab, man erspart sich also die Vergeudung von Freizeit. Beim Speed-Blind-Date ist die Gefahr groß, dass man völlig umsonst auf den Abend mit den Kumpels verzichtet, weil SIE einfach nicht dabei ist. Gründe für eine Kontaktaufnahme liefert die tägliche Arbeit genug. Und der Job schluckt inzwischen bei vielen aufstrebenden jungen Kräften einen Großteil der Zeit, sodass wenig Raum bleibt für die anstrengende Suche nach Feierabend. Gerade wo Überstunden die Regel sind und man die meiste wache Zeit im Büro verbringt, treffen Amors Pfeile leicht und oft.

Kein Wunder also, dass aus dem Flirt am Arbeitsplatz oft eine feste Bindung wird: Paare, die sich am Arbeitsplatz kennenlernen, haben nachweislich eine günstigere Prognose als beispielsweise Reisebekanntschaften. Der Grund: Wer sich im Büro auf einen anderen Menschen einlässt, kauft nicht die Katze im Sack. Er hat den anderen in der Regel schon lange vorher beobachtet und ein exaktes Psychogramm erstellt. Man sieht auf dem Betriebsfest, ob er womöglich jedes Jahr eine andere knutscht oder sie dazu neigt, sich schon mal etwas zu lasziv zu kleiden.

Allerdings wird nicht aus jeder Affäre eine feste Bindung. Was, wenn der kurze Flirt sich nicht als Traumpartner fürs Leben entpuppt? Der oberste Platz auf der Lästerliste ist dann garantiert. Und die Zusammenarbeit mit dem Ex ist nicht unbedingt eine wahre Freude. Wie oft wird da zur Freude lästerhafter Kollegen schmutzige Wäsche gewaschen! Häufig enden gescheiterte Affären oder Beziehungen am Arbeitsplatz damit, dass sich einer der beiden Partner einen neuen Job sucht.

Selbst wenn es gut geht, ist nicht alles rosarot für die Liebenden. Man ist nie unbeobachtet, man hat nie seine Ruhe, jedes Anzeichen einer Mini-Krise wird sofort in der Teeküche diskutiert. Man steht unter besonderer Beobachtung, die manchmal auch von Neid geprägt ist. Vorgesetzte und Kollegen fragen sich: Kann der denn überhaupt noch trennen zwischen beruflich und privat? Stimmt die Leistung noch, wenn die so auf Wolke sieben schwebt? Schickt der womöglich mehr E-Mails an seine Süße als an den Kunden? Manch einer fühlt sich auch durch knutschende Pärchen unangenehm berührt. Im schlimmsten Fall heißt es, das junge Glück würde den Betriebsfrieden stören. Dann kann übrigens auch der Arbeitgeber aktiv werden. Daher sollten Sie, auch wenn Sie noch so verliebt sind, eine Art Probezeit mit dem Liebsten vereinbaren, bevor Sie Ihre Liebe öffentlich bekannt machen und auch den Chef hierüber informieren. Drei Monate sind hierfür ein guter Zeitraum. Viel länger würden Sie es vermutlich eh nicht aushalten. Viel kürzer sollte er aber auch nicht sein, denn gerade am Anfang kann die Liebe bekanntlich blind machen.

Aber auch danach sollte man eher sparsam sein, was Schmusen oder andere Liebesbeweise angeht – aus Rücksicht auf die Kollegen, die vielleicht gerade eine Trennung durchmachen und öffentliche Zärtlichkeitsbekundungen als schmerzhaft empfinden könnten. Von der Enthaltsamkeit zum Wohle des Betriebsfriedens profitiert auch das verliebte Paar selber: Das Prickeln wächst, wenn man sich tagsüber zwar sieht, aber eher verhalten ist in Bezug auf Berührungen oder gar Küsse. Die Vorfreude wächst ... Da die Turteltäubchen unter strenger Beobachtung stehen, sollten sie unbedingt darauf achten, ihre Arbeit nicht zu vernachlässigen. Das fällt gerade in Zeiten großer Verliebtheit schwer, sichert aber den Arbeitsplatz. Und gerade bei einer Büroliebe steht die Beziehung vor Problemen, wenn einer der beiden Partner den Job verlieren sollte. Dann bricht nämlich auf einen Schlag viel Verbindendes weg, und die Krise ist vorprogrammiert.

Das zeigt: Kollegiales Liebesglück hat seine Vor- und seine Nachteile. Viele Paare genießen es, quasi keine Minute des Tages getrennt zu sein. Und natürlich ist es schön, wenn man sich ohne große Erklärungen austauschen kann über Ereignisse im Büro. Wenn der andere sofort nachvollziehen kann, warum man sich über den Kollegen Kasulke aufgeregt hat. Das erleichtert die Kommunikation über die Arbeit und hilft vielen, ihren Job entspannter anzugehen. Andererseits lauern genau da auch Gefahren für die Liebe: Wenn sich das Verliebtsein langsam legt und Routine an ihre Stelle tritt, dann erscheint plötzlich der gesamte Tag ausgefüllt mit Arbeit, weil man den Partner in Gedanken mit der Arbeit verknüpft. Wer daher ernsthaft an einer langfristigen Beziehung interessiert ist, sollte darauf achten, dass beide Partner auch noch eigene Lebensbereiche haben, die sie bewusst pflegen. Gemeint sind

Vereine, Hobbys, Freundinnen oder gesellschaftliches Engagement, die bewusst nichts mit der Arbeit zu tun haben und denen man auch ohne den Partner nachgehen kann.

Und wenn es doch zum großen Schlussstrich kommt? Wichtig ist, nach der Beendigung der Partnerschaft keine dreckige Wäsche zu waschen, sondern so auseinanderzugehen, dass beide Seiten ihr Gesicht wahren. Dazu gehört, die Trennung auch kurz öffentlich bekannt zu geben. So erspart man sich Lästereien und fragende Blicke. Wer im Streit auseinandergeht, hat meist keine Lust mehr, weiterhin Seite an Seite mit dem Ex-Partner zu arbeiten. Hier hilft nur eine Versetzung, mindestens in eine andere Abteilung. Wenn auch das als zu qualvoll empfunden wird, muss notfalls ein neuer Job her. Das persönliche Lebensglück sollte es wert sein.

Tipps für (Büro-)Turteltäubchen

- Auch wenn es schwerfällt: Wahren Sie mindestens drei Monate Stillschweigen über Ihre Liebe.
- Achten Sie peinlich genau darauf, Ihre beruflichen Pflichten nicht zu vernachlässigen!
- In der Öffentlichkeit sollten Sie den Namen „Schatzimausi“ vermeiden und auch keine Details über die Liebeskünste des andern preisgeben!
- Nicht nur ältere Kollegen könnten sich durch Ihr Schmusen gestört fühlen: Nehmen Sie Rücksicht!
- Schwärmen Sie nicht zu häufig von Ihrem neuen Partner! Monologe über die rote Rose auf dem Schreibtisch kommen nicht immer gut an.
- Seien Sie sparsam mit Berührungen im Büro. Das entspannt die Kollegen und erhöht Ihre Spannung für die Zeit nach Feierabend.
- Für Ihr privates Glück: Achten Sie darauf, sich auch über andere Themen als das Büro zu unterhalten und sich auch mit anderen Leuten als Ihren Kollegen zu treffen.

„Mensch, stellt die sich an!" Sexuelle Anspielungen und Übergriffe

Sexuelle Anspielungen und Belästigungen am Arbeitsplatz sind weitverbreitet. Ungefähr jede zweite Frau muss sich damit auseinandersetzen. Ein Grund hierfür: Die Belästiger fühlen sich relativ sicher, dass sie ungestraft davonkommen, egal ob nun ein besonderes Abhängigkeitsverhältnis besteht oder nicht. Wer möchte schon einen Kollegen anschwärzen? Wer will schon gern seinen Job verlieren, „nur" weil der Vorgesetzte ein paar Mal übergriffig geworden ist? Das Spektrum sexueller Übergriffe ist breit. Es reicht von Pin-up-Postern im Büro über E-Mails mit sexuellen Anspielungen, anzügliche Witze, pausenloses Anstarren, scherzhaftes Kneifen in den Po bis hin zum Auffordern zu sexuellen Handlungen. Das Verständnis der sozialen Umwelt ist oft erschreckend gering. Selbst aus dem eigenen Familienkreis bekommen Frauen zu hören, sie sollten sich doch nicht so anstellen, und so ein Küsschen oder eine Berührung könne doch wohl so schlimm nicht sein. Aber: Das Einzige, das zählt, ist das Empfinden des Belästigten (meist: der Frau). Und wer sich belästigt fühlt, sollte als Selbstschutzmaßnahme und zum Schutze anderer, die vielleicht nicht so viel Mut haben, aktiv werden.

Ignorieren, Aus-dem-Weg-Gehen oder eine Veränderung der Kleidung lösen das Problem nämlich nicht. Offenes Ansprechen ist angesagt, etwa so: „Es stört mich, wenn Sie mich bei jedem Vorbeikommen berühren, lassen Sie das bitte. In der Sache X habe ich übrigens noch eine Frage an Sie ..." Wer seine Grenzsetzung so deutlich formuliert und zugleich einbettet, signalisiert damit einerseits Bestimmtheit und andererseits nimmt er oder sie damit dem Gegenüber den Spaß daran, ein peinliches Berührtsein oder Schamgefühle zu beobachten. Man geht einfach zum nächsten Thema über. Falls sich der Vorgang dennoch wiederholt, darf das empörte „Halten

Sie bitte Abstand!" ruhig noch lauter werden, sodass die Umgebung mitbekommt, wer sich da unsittlich nähert. Auch bei verbalen Übergriffen ist entschiedenes offenes Ansprechen mit dazu passender Körperhaltung und Lautstärke das wichtigste Gegenmittel („Ersparen Sie sich doch bitte zukünftig solche Bemerkungen, ich finde die nicht witzig"), und zwar möglichst direkt zu Beginn, bevor sich sexuelle Anspielungen in die Kommunikationsstruktur eingeschlichen haben. Falls trotz energischer Grenzsetzung das Verhalten dennoch weiterhin andauert, führt der nächste Gang zum Betriebsrat. Er unterstützt den Betroffenen und ergreift weitere Schritte zur Unterbindung der sexuellen Übergriffe.

Und wenn es der Chef selbst ist, der Sie mit seinem „aber Nicoletta, Sie sind doch keine graue Maus" oder „Yvonne, ich wusste ja gar nicht, dass Sie so eine Zicke sein können" unter Druck setzt? Der vielleicht sogar das Abhängigkeitsverhältnis bewusst ausnutzt, etwa in dem Ton: „Wir wollen doch noch länger gut zusammenarbeiten, nicht wahr"? Dann sind die Empfehlungen im Grunde dieselben, auch wenn die Konsequenzen gravierender sind.

Rechtliches zu sexueller Belästigung

Das Allgemeine Gleichbehandlungsgesetz untersagt sexuelle Belästigung. Als sexuelle Belästigung gilt jedes sexuell motivierte Verhalten, das für die Betroffenen unerwünscht ist und sie herabwürdigt bzw. ihre persönlichen Grenzen verletzt. Hierzu zählen zum Beispiel körperliche Berührungen und Übergriffe, Bemerkungen und Gesten mit sexuellem Inhalt, exhibitionistische Taten oder Aufforderungen zu sexuellen Handlungen. Sexuelle Belästigung ist immer ein einseitiges und unerwünschtes Verhalten. Zuwiderhandlungen können Ermahnungen, Abmahnungen, Kündigung und Schadensersatzansprüche nach sich ziehen.

Auch nach dem Beschäftigtenschutzgesetz hat man das Recht, sich über sexuelle Belästigung zu beschweren, ohne dass einem daraus Nachteile erwachsen dürfen. Der Arbeitgeber muss den Beschwerden über Belästigungen nachgehen.

Aber wie lautet die Alternative? Ein Mensch, der täglich mit Magenschmerzen zur Arbeit geht, dessen Lebensqualität leidet gewaltig. Es hilft nichts, die Kleidung zu verändern oder sich so unsichtbar wie möglich zu machen. Man fühlt sich dennoch elend, hat den halben Tag Herzklopfen und ablenkende Gedanken („vielleicht sieht er mich nicht", „hoffentlich ist Annabelle nachher noch da, damit ich nicht mit ihm allein bin") und kann ganz sicher keinen guten Job machen. Sexuelle Belästigung hört selten von allein auf. Die Devise kann nur lauten: Abgrenzen, notfalls den Chef vor Kolleginnen in die Schranken weisen, auch wenn man damit auf der Abschussliste des Vorgesetzten landet. Aber alles ist besser, als sich wie ein wehrloses Spielzeug zu fühlen.

Wenn Kollegen zu Kumpeln und Kolleginnen zu besten Freundinnen werden

Es muss ja nicht immer die große Liebe sein. Auch andere Formen von Beziehungen am Arbeitsplatz können an Intensität gewinnen, und plötzlich ist der Kollege zum Freund geworden. Dann verbindet einen weit mehr als die Arbeit. Mit Freunden zusammenarbeiten – das klingt zunächst verlockend. Während die meisten klagen, dass sie kaum noch Zeit hätten für private Kontakte, kann man mehrere Stunden pro Tag mit seinen Freunden verbringen. Doch Vorsicht! Freundschaften am Arbeitsplatz unterliegen besonderen Gefahren. Genau wie Turteltäubchen unterliegen auch enge Freunde im Büro besonderer Beobachtung: Wird da womöglich jemand bevorzugt oder begünstigt? Geht es bei Entscheidungen wirklich mit rechten Dingen zu? Oder herrscht da der berüchtigte Kölsche Klüngel? Ihr Vorgesetzter, insbesondere aber auch die anderen Kollegen werden darauf ein wachsames Auge haben. Sie müssen auch damit rechnen, dass Ihnen wichtige Informationen nicht mehr anvertraut werden, wenn der Informant damit rechnet, dass Sie postwendend mit Ihrem Freund darüber sprechen. Auf diese Weise kann zu enge Vertrautheit sich als Hemmschuh für die Karriere erweisen. Achten Sie darauf, wie Sie den Kontakt zu den anderen Teammitgliedern gestalten. Nach Möglichkeit sollten Sie mit möglichst vielen anderen Kollegen ebenfalls öfter mal ins Gespräch gehen, damit Sie beide nicht als Einheit betrachtet und fortan vom Informationsfluss oder dem sozialen Geschehen im Team ausgeschlossen werden. Auch der Befürchtung, dass Sie sich in trauter Zweisamkeit über die anderen lustig machen, entziehen Sie so den Boden.

Vorsicht ist auch angesagt, wenn Sie einen Freund oder Bekannten für eine Aufgabe in Ihrer Firma empfehlen, zum Beispiel weil Sie ihn bei seiner Jobsuche unterstützen möchten. Es mag ja sein, dass Sie den anderen persönlich gut kennen und in privater Hinsicht gut einschätzen können – aber können Sie sich auch wirklich ein Bild von seinem Leistungsverhalten machen? Kennen Sie seine Kompetenzen und Fähigkeiten so gut, dass Sie ihn guten Gewissens empfehlen können? Falls die Sache schiefläuft, stehen Sie selbst ziemlich blöd da. Da ist es sinnvoller, Ihre Empfehlung zu ergänzen durch Aussagen wie „ich kenne ihn privat und traue ihm aufgrund seiner gelassenen Art die Aufgabe zu, aber über sein Leistungsverhalten kann ich keine Aussage machen, das klären Sie am besten im Gespräch miteinander“. Denken Sie das Szenario weiter: Was ist, wenn einer von Ihnen beiden befördert wird? Würde Ihre Freundschaft das verkraften? Wenn Sie ein ungutes Gefühl dabei haben, dass Ihr Freund demnächst vielleicht Ihr Kollege werden könnte, sollten Sie es lassen. Eine wirkliche Freundschaft hält es aus, wenn Sie sagen: „Ich möchte beruflich und privat nicht vermischen; wenn wir uns als Kollegen in die Haare kriegen, geht womöglich unsere Freundschaft baden – dazu ist sie mir aber zu wichtig.“

So gestalten Sie private Beziehungen am Arbeitsplatz

- Achten Sie darauf, Ihre Beziehungen nicht auszunutzen, indem Sie berufliche und private Interessen vermischen. So verringern Sie den Verdacht, persönliche Vorteile aus der Bekanntschaft zu ziehen.
- Entlocken Sie dem anderen keine vertraulichen Informationen, die Sie ohne die Bekanntschaft nicht erhalten hätten. Sonst ist die Beziehung schnell zu Ende.
- Vertreten Sie in der Öffentlichkeit, zum Beispiel auf Teamsitzungen, auch schon mal unterschiedliche Standpunkte, damit Sie nicht zu sehr als Einheit wahrgenommen werden.
- Schotten Sie sich nicht zu zweit ab, sondern bleiben Sie auch mit den anderen Kollegen im Kontakt!

Ich habe einen Blackberry, also bin ich

Der eine protzt mit seinem Benz, der nächste mit seinem Blackberry – gar nicht so leicht, sich davon nicht einschüchtern zu lassen. Hier erfahren Sie, warum es wichtig ist, die Statussymbole der Kollegen zu respektieren, und wie Sie auf Angeber reagieren können.

Der Parkplatz vom Chef, der Kaffeepott der Sekretärin und andere Claims

Warum wird die Sekretärin sauer, wenn Sie versehentlich ihren Kaffeepott benutzen? Wieso besteht der Chef darauf, dass er als Einziger zu spät kommen darf? Und was ist so schlimm daran, dass man sich den rückengerechten Stuhl des kranken Kollegen ausleiht? Für den Neuling oder Außenstehenden völlig unverständlich, können derartige Verhaltensweisen im Büro als Verstöße gegen – freilich unausgesprochene – Regeln gewertet werden. Man spricht von Claims, wenn Menschen

Sonderrechte oder Dinge für sich in Anspruch nehmen, die sie verteidigen wie Hunde ihre Reviere. Unerlaubtes Eindringen wird sofort bestraft. Wo lauern solche unsichtbaren Reviergrenzen? Wieso sind viele Bürogesellen so erpicht darauf, ihre Reviere zu verteidigen? Und wie sollten Sie damit umgehen?

Die Welt der Kaffeepötte. Zumindest dort, wo noch kein original italienischer Kaffee-Vollautomat steht, trinkt man im Büro nicht aus irgendeiner Kaffeetasse, die gerade frisch gespült ist. Nein, jeder hat seinen eigenen Kaffeepott, der zugleich Ausdruck seiner Weltanschauung ist. Die Sprüche geben so einiges Wissenswerte über ihren Besitzer preis. Der Krug des Vertriebsleiters verrät dessen großes Ego: „Diese Tasse gehört dem bestaussehenden, sympathischsten, erfolgreichsten Mann der Firma: MIR". Die Jungs aus der EDV-Abteilung bevorzugen Tassen mit Comic-Figuren. Von Asterix bis Superman sind alle Helden der Cartoon-Welt vertreten. Die Tasse der schüchternen Azubine dagegen ziert ein Heiligenbild und der Aufdruck „Weihnachtskonzert des Männerchors Oberkirch 2003". Wer denkt, Kaffeepott sei gleich Kaffeepott, und sich einfach eine Tasse aus dem Schrank greift, kann böse Überraschungen erleben. Empörte Blicke und entrüstete Sätze wie „Das ist aber meine Kaffeetasse, aus der Sie da trinken" sind da noch harmlos.

Inzwischen sind die bunten Pötte aus vielen Büros verschwunden. Sie wurden ersetzt durch zarte Tässchen von Villeroy & Boch. Wer einen Claim abstecken möchte, braucht also andere Gefilde. Das Büro bietet zum Glück genug Möglichkeiten. Zunächst einmal bietet sich die direkte Arbeitsumgebung an. Wo individuelle Gestaltung möglich ist, werden je nach Geschmack Lichterketten gespannt, bunte Tücher an der Wand drapiert, selbst gezogene Bambuspflanzen aufgestellt und natürlich Fotos der Liebsten und – notfalls – des Pudels präsentiert. Das Bedürfnis nach Gestaltung des Arbeitsplatzes lässt sich nicht unterdrücken, bisweilen zum Ärger der Facility Manager und Sicherheitsfachkräfte, die die Notausgänge durch Palmgärten zugestellt vorfinden und dann auf Rodung durch den Besitzer bestehen. Bei allem Verständnis sind die Betroffenen darüber dennoch so geknickt wie ihre schönsten Orchideen. Oder so empört wie der Kollege, dessen Stuhl in seiner Abwesenheit ausgeliehen wurde. Oder die Sekretärin, deren Kaffeepott vorübergehend den Besitzer wechselte. Es geht schließlich um mehr als nur um harmlose Pflanzen, Stühle oder Tassen.

Es geht um die Selbstdarstellung des einzelnen Menschen. Individualität ist in einer Arbeitssituation wie dem Büro nicht gefragt. Unterschiedliche Menschen erledigen denselben Job und werden dadurch ersetzbar. Das geht unserer Psyche gegen den Strich. Wir sind etwas Besonderes. Es reicht uns nicht, dass wir das wissen. Die meisten brauchen zusätzlich äußere Signale. Sie brauchen „etwas Eigenes", sogenannte Claims. Wenn also meine Kaffeetasse das Einzige ist, was ich als Individuum in meine Arbeitsumgebung einbringen darf, dann ist meine Individualität gefährdet, sobald jemand anderes zu meiner Tasse greift. Das will ich natürlich verhindern und reagiere entsprechend rabiat. Solche Territorialgrenzen sollte man respektieren, denn damit respektiert man auch die dahinter stehende Person. Wenn Sie versehentlich so eine Grenze überschritten haben, sollten Sie sich sofort entschuldigen mit dem Hinweis, dass Sie davon nichts wussten. Wer sich lustig macht über solche Grenzen, hat schnell mehr Feinde als ihm lieb ist. Natürlich ist es objektiv betrachtet Spinnerei, aber wenn nun mal immer der Meyer als Erstes die Rundlauf-Zeitschriften liest, und das vielleicht schon seit Ewigkeiten, dann sollten Sie ihm dieses Recht lassen, selbst wenn Sie schon zwei Stunden vor ihm da sind und die Zeit gut für Lektüre nutzen könnten. Gönnen Sie den Leuten ihre Claims.

Je kleiner das Ego, desto dicker der Dienstwagen

Nicht nur Räume, Sachen oder Parkplätze können Claims sein. Es wurden schon ganze Abteilungsfehden geführt über die Frage: „Wer bekommt als Erstes die neuen Bürostühle?“ Dabei geht es nicht wirklich um Bürostühle, sondern der Status der eigenen Abteilung wird über die Reihenfolge definiert. Statussymbole versichern Menschen ihrer Bedeutung für das Unternehmen. Häufig erlangen sie nur durch solche Materialien oder Vorrechte Anerkennung für ihre Tätigkeit. Sie dienen also der Bestätigung des Status im Unternehmen vor sich selber, aber auch der Demonstration des Status gegenüber anderen. Zum Beispiel markiert die räumliche Anordnung in Betrieben häufig die Machtverhältnisse: Der Chef sitzt oben, der Facility Manager (früher: Hausmeister) im Erdgeschoss – und die arbeitende Masse irgendwo dazwischen.

Ein guter Chef hat es nicht nötig, sich über Symbole seines Status zu versichern. Er weiß einfach, dass er der Chef ist. Und er strahlt das aus, ohne dass jede Entscheidung bis ins Kleinste von ihm kontrolliert wird. Und auch ohne dass ein Mercedes SLK auf dem Parkplatz oder eine Cartier an seinem Handgelenk dafür Zeugnis ablegen müssten. Unter den meisten Vorgesetzten, aber auch Kollegen, sind Statusvergleiche dagegen ein beliebtes Spielchen: Wer hat den größeren Dienstwagen? Wer hat die beste technische

Wertschätzung siegt

Besonders wertschätzende Vorgesetzte erkennt man übrigens daran, dass sie mittendrin sitzen. So etwa Marcel Ballas, der Gewinner des Great-Place-to-Work-Wettbewerbs „Deutschlands beste Arbeitgeber“ im Jahr 2005. Die von ihm geleiteten Alten- und Pflegeheime St. Josef, in der Nähe von Stadt Heinsberg, stehen damit in einer Reihe mit Konkurrenten wie e.on oder SAP. Er hat den Wettbewerb gewonnen, weil er seine Macht mit den Mitarbeitern teilt. Seine oberste Reinigungskraft beispielsweise kann sich auf Messen über Produktneuheiten informieren und eigenverantwortlich Budgets über etliche tausend Euro verwalten.

Ausstattung? Wessen Büro hat die meisten Fenster? Oder in Großraumbüros: Wessen Tisch ist dem Fenster am nächsten? Es stellt sich die Frage, warum Menschen solche Vergleiche mit anderen nötig haben. Was ist der tiefere Sinn solcher kindlich anmutenden Protzvergleiche? Ganz offensichtlich geht er ja über die oben erwähnte Bestätigung ihrer Individualität hinaus. Menschen definieren sich immer dann über Statussymbole, wenn ihr Selbstwertgefühl zu klein ist. Sie fühlen sich geringwertig und brauchen das dicke Auto, das größere Büro, den Fensterplatz, um sich und anderen zu demonstrieren: Ich bin etwas wert. So geht es beim Kampf um das Eckbüro oder den besten Firmenparkplatz um wesentlich mehr als um den Blick in die Ferne oder den kürzesten Fußweg ins Gebäude. Es geht um die Bestätigung: Ich bin wichtig.

Das Selbstwertgefühl wird vor allem in der frühen Kindheit geprägt. Aber es ist auch davon abhängig, inwieweit der Vorgesetzte soziale Unterstützung gewährt, also ansprechbar ist und Fehler erlaubt. Das zeigt: Es gibt zu jedem Zeitpunkt des Lebens Möglichkeiten, das Selbstwertgefühl aufzupäppeln. Das ist das Schöne am Selbstwertgefühl. Und ein starkes, gut genährtes Selbstwertgefühl stellt einen wichtigen Schutzfaktor dar: Gegen Kränkungen, aber auch gegen Stress jeder Art, denn es kann unserem Gehirn so vielversprechende Gedanken entlocken wie „Ich krieg das schon hin! Ich hab schon ganz andere Sachen geschafft! Und wer soll das schaffen, wenn nicht ich?" Damit ist es ein wichtiger Stresspuffer und kann dafür sorgen, dass Sie auch in eigentlich belastenden Situationen die Ruhe bewahren und sich kompetent statt überfordert fühlen. So schaffen Sie es ganz nebenbei auch, aus dem „Meiner-ist-aber-größer-Spiel" auszusteigen.

Übrigens: Befürchten Sie nicht, durch ein „zu starkes" Selbstwertgefühl womöglich arrogant zu werden – das Gegenteil ist der Fall! Innerlich starke Menschen können es sich erlauben, sich ganz auf andere einzulassen. Arroganz ist immer ein Zeichen von Unsicherheit, sprich: von einem zu schwachen Selbstwertgefühl. Wer ein wirklich starkes Selbstwertgefühl aufweist, hat es nicht nötig, sich vor anderen zu erhöhen oder andere zu erniedrigen. Daher sollten Sie täglich Einzahlungen auf Ihr Konto vornehmen: Sich etwas Gutes tun und in Gedanken gut mit sich umgehen. Fragen Sie sich zum Beispiel: Sieht man Ihrem Verhalten an, dass Sie sich selbst wertschätzen? Sieht man es Ihrer Wohnung an – ist sie aufgeräumt, sauber, liebevoll gestaltet? Sieht man es Ihrem Aussehen an? Dem, was Sie an Nahrung zu sich nehmen? Sind Ihr Körper, Ihr Freizeitverhalten und Ihr soziales Netz gut in Schuss?

Das Prinzip funktioniert in beide Richtungen: Wenn Sie ein starkes Selbstwertgefühl haben, werden Sie gut für sich sorgen. Und wenn Sie gut für sich sorgen, registriert Ihre Psyche das quasi mit Gedanken wie „Ups, muss ich viel wert sein, dass ich mir so etwas gönne!" Die zweite Richtung haben Sie also komplett selbst in der Hand. Probieren Sie es aus, so Ihr Selbstwertgefühl aufzupäppeln. Umso weniger werden Sie auf Statussymbole angewiesen sein, und umso gelassener können Sie auch mit abwertenden Bemerkungen anderer umgehen.

„Wie, du hast noch keinen Blackberry?"
Auf abwertende Äußerungen konstruktiv reagieren

Kennen Sie solche Sätze? „Wie, du weißt noch nicht Bescheid über ...? Wieso habt ihr noch keinen Wasserspender? Hast du die Rund-E-Mail nicht bekommen?" Psychologen sprechen bei solchen abwertenden Äußerungen von „social undermining". Es handelt sich dabei um Aussagen, die das Gegenüber nicht direkt angreifen, die aber dennoch eine Form von Aggression darstellen. Sie zielen darauf ab, das Selbstwertgefühl des anderen zu untergraben – nicht durch große Angriffe, sondern durch kleine Spitzen, die harmlos als Fragen getarnt daherkommen. Von außen betrachtet handelt es sich um das Erheben von Sachinformationen. Im Erleben des Adressaten jedoch geht es um eine Positionsbestimmung. Er fragt sich: Gehöre ich nicht mehr dazu? Bin ich nicht wichtig genug? Die Gefahr ist groß, dass er sich als Person abgewertet fühlt, im Extremfall sogar minderwertig.

Wenn Ihr Gegenüber mit seinen mehr oder weniger versteckten Sticheleien anfängt, sollten Sie also versuchen, möglichst nur auf die in seinem Satz enthaltenen Sachinformationen einzugehen, also zum Beispiel in neutralem Tonfall zu sagen: „Nein, habe ich noch nicht." Und dann gehen Sie über zum nächsten Thema und tun damit so, als wäre das eben Besprochene für Sie ganz unwichtig. Wenn Sie mit derartigen Fragen konfrontiert werden (zum Beispiel ob Sie eine bestimmte Information bereits haben), sollten Sie auf die darin enthaltene Abwertung keinesfalls einsteigen nach dem Motto „Oh Schreck, nein! Was fällt dem ein, mich zu vergessen?!" Dann würden Sie das Spiel nämlich mitspielen. Sie können es aber nur verlieren, denn der andere hat Ihnen ja offensichtlich eine Information voraus. Sie müssen also das Noch-keine-Information-Haben positiv umbewerten, um nicht als der letzte Depp dazustehen. Eine gute Antwort auf Fragen von der Sorte „Wie, du hast noch nicht ...?" lautet: „Wenn es wichtig ist, werde ich schon früh genug davon erfahren". Damit nehmen Sie dem anderen den Wind aus den Segeln. Implizit könnte man Ihre Antwort so verstehen, dass nur das niedere Fußvolk frühzeitig informiert wird, aber das ist natürlich reine Interpretationssache ...

Eine gute Strategie im Umgang mit abwertenden Äußerungen ist auch die Betonung anderer Werte und Interessen, zum Beispiel in dem Ton: „Segelturn? Würde mich gar nicht reizen, ich werde so schnell seekrank" oder „Golfurlaub? Ist nichts für mich, ich brauche zum Erholen Leben und Trubel um mich herum". Jedes Mal, wenn Sie vom Wanderwochenende mit der Familie schwärmen, signalisieren Sie: „Jeder Mensch ist anders, und mein Leben ist vollwertig" – ohne dass Sie damit protzen müssen, wie Ihr Gegenüber es offenbar nötig hat.

Konstruktiver Umgang mit abwertenden Äußerungen von Kollegen

- Spielen Sie das Spiel nicht mit: Behandeln Sie die Fragen wie Sachfragen und antworten Sie ganz nüchtern.
- Signalisieren Sie: „Wenn's wichtig ist, wird es mich schon noch rechtzeitig erreichen."
- Machen Sie deutlich, dass für Sie andere Werte wichtiger sind als Statussymbole.

Das süße Leben der Unkündbaren, Bildschirmschoner und Abteilungsparasiten

Kollegen können ganz schön anstrengend sein: Die einen haben eine Arbeitsphobie, die anderen haben ständig Sonderwünsche, die dritten entfachen einen Kleinkrieg zwischen Müttern und Kinderlosen – kein Wunder also, wenn Sie sich urlaubsreif fühlen. Lesen Sie hier, worauf Sie im Sinne Ihres Seelenfriedens achten sollten.

Die Faulen, die Kranken und ich

Sie sind der einzig Aufrechte in Ihrer Abteilung? Und um Sie herum nur Menschen, die das Arbeiten nicht erfunden haben? Die gibt es wohl überall: Die Abteilungsschmarotzer, die ein schönes Dasein in totaler Abwesenheit von Arbeit fristen und dennoch allmonatlich ihr Gehalt beziehen. Sehr zum Ärger der anderen. Besonders problematisch: Die Unkündbaren. Sie haben diesen Status entweder durch lange Zugehörigkeit zum Unternehmen erlangt, oder es handelt sich um Beamte. Aus beidem ist niemand ein Vorwurf zu machen. Aber oft mehren sich die Klagen: Kollegen, die sich unbedroht fühlen durch die ansonsten weitverbreitete Angst vor Arbeitsplatzverlust, legen die Hände in den Schoß. Sie sind gut informiert über ihre Rechte und haben manchmal sogar den Personal- oder Betriebsrat auf ihrer Seite. Dumm für Sie ist das eigentlich nur, wenn Sie anders gestrickt sind, weil Sie etwa im Unternehmen noch etwas erreichen möchten. Dann wollen Sie natürlich keiner Abteilung angehören, die einen schlechten Ruf hat.

Also müssen Sie die Bildschirmschoner unter Ihren Kollegen motivieren, nach dem Schlachtruf: Nieder mit den Maustasten! Das geht am besten, solange sich noch kein Groll in Ihnen aufgestaut hat. Denn wenn Sie wieder und wieder Ihren Ärger runtergeschluckt haben, kommt es leicht zu explosionsartigen Entladungen des heiligen Zorns – manchmal auch zu Unrecht. Vielen Kollegen ist gar nicht klar, dass die anderen für sie mitschuften. Vielleicht hat sich ihr niedriges Aktivitätsniveau schon vor Urzeiten eingependelt, sodass es für sie zu einem Gewohnheitsrecht geworden ist, weniger zu leisten. Ihr Standard liegt dann einfach niedriger als Ihrer. Sie sollten den anderen daher zunächst nüchtern auf das Ungleichgewicht aufmerksam machen: „Du, ich glaube, im Vergleich zu Stefan und mir hast du dir bei diesem Projekt ein winziges Päckchen an Arbeit ausgesucht. Siehst du das auch so?“ Am besten schieben Sie direkt einen Lösungsvorschlag hinterher: „Was hältst du davon, wenn du zusätzlich das und das übernimmst?“ Wichtig ist, Beschimpfungen zu vermeiden und konstruktiv eine Problemlösung anzustreben. Manchmal ist es leichter, den anderen ans Arbeiten zu bekommen, wenn er sich die Aktivität selbst aussuchen darf – also mitbestimmen darf, welche Aufgaben er übernehmen soll.

So bekommen Sie Abteilungsschmarotzerzum Arbeiten

- Sprechen Sie ohne Vorverurteilung die ungleiche Arbeitsverteilung an!
- Beziehen Sie den Wenigschaffer bewusst mit ein. Sobald es Arbeit zu verteilen gibt, fragen Sie ihn, was er übernehmen will.
- Appellieren Sie an den Teamgedanken!
- Machen Sie konkrete Lösungsvorschläge!
- Falls Sie bei einem Auftrag den größeren Part übernehmen: Weisen Sie darauf hin, dass es beim nächsten Mal andersrum läuft!
- Wenn gar nichts mehr geht, kündigen Sie an, dass Sie den Chef um eine Umverteilung bitten werden!
- Machen Sie sich klar: Auch Sie haben schon einmal einen Minderleistertag ...

Bei kranken Kollegen ist die Lage schwieriger. Vermutlich haben Sie kein Problem mit vorübergehender Mehrarbeit, solange der Kollege tatsächlich krank ist. Es gehört zu einer Bürogemeinschaft dazu, dass der eine den anderen im Krankheitsfall vertritt und bei Überlastungen zeitweise entlastet. Das gebietet der normale zwischenmenschliche Umgang, und vermutlich haben auch Sie schon einmal davon profitiert. Was aber, wenn der Krankheitsfall ein Dauerzustand geworden ist und Gleiches für die Mehrarbeit der Gesunden gilt? Im Grunde ist es dann Aufgabe des Vorgesetzten, die restlichen Mitarbeiter zu entlasten und sich beispielsweise um Springerpersonal zu kümmern. Er muss die Minderleistung seines Teams auch gegenüber der Geschäftsleitung vertreten und begründen. Letztlich rächt es sich nämlich, wenn Sie und alle anderen Kollegen über längere Zeit am Anschlag arbeiten und womöglich vor Überlastung ebenfalls krank werden.

Den meisten Menschen ist es unangenehm, längere Zeit auszufallen. Sie wissen ja, dass die Kollegen dann Mehrarbeit leisten müssen. Statt Vorwürfen oder schweigendem Ignorieren lautet daher die Empfehlung: Heißen Sie den Kollegen bei der Rückkehr aus der Krankheit herzlich willkommen und informieren Sie ihn über das, was sich in der Zwischenzeit ereignet hat. So erleichtern Sie ihm den Wiedereinstieg und signalisieren zugleich, dass er dem Team gefehlt hat. Wer dagegen beobachten konnte, dass der wegen angeblicher Rückenbeschwerden krankgeschriebene Kollege eifrig an seinem Häuschen baut, der sollte den Kollegen offen mit seiner Beobachtung konfrontieren – zunächst unter vier Augen, im Wiederholungsfall aber auch per Meldung an die Personalabteilung, die rechtliche Schritte einleiten wird. Natürlich möchte man nicht als Anschwärzer dastehen, aber eine saubere Trennung ist eine bessere Lösung als Mobbing oder permanente Wut bei allen anderen im Team.

In manchen Büros werden Wetten abgeschlossen, etwa in der Form: „Freitag ist Brückentag – eine Flasche Rotwein: Schmidtke wird rein zufällig krank, wetten?" Das verstärkt zwar das Gemeinschaftsgefühl des restlichen Teams, löst aber das Problem nicht. Hilfreicher wäre es, am Montag darauf den Kollegen anzusprechen, an den Teamgedanken zu appellieren und die eigene Enttäuschung zum Ausdruck zu bringen („ich dachte, wir sind ein Team"). Bei wiederholten Fehlzeiten darf von Kollegen auf gleicher Ebene auch ruhig der Verdacht angesprochen werden, der ohnehin in vielen Köpfen kreist: „Es kommt mir schon komisch vor, dass du häufiger an solchen Einzeltagen fehlst. Fast könnte man denken, du machst es dir mit dem Krankfeiern ein bisschen zu leicht". Damit gibt man das Signal: Dein Fernbleiben ist aufgefallen, und es ist uns nicht egal. Erst wenn auch das wiederholte Ansprechen nicht hilft, kann soziale Ausgrenzung als letztes Druckmittel ausprobiert werden. In der Praxis ist es jedoch in den meisten Fällen so, dass sich niemand ein Herz fasst und das Kind beim

Namen nennt. Lieber schweigt man jahrelang, ärgert sich still vor sich hin und zersetzt das Teamklima damit umso stärker, als es jedes offene Wort könnte.

Extrawürstchen für Teilzeit-Mütter: Stutenbeißen in der Teeküche

„Ich kann nicht nach XY fahren/am Projekt YX mitarbeiten/mich um ZX kümmern, ich habe ja Kinder!" Bei dem Satz rollen Nicht-Mütter die Augen und nicken schicksalsergeben, wohl wissend: Die Arbeit bleibt an ihnen hängen – seltsamerweise nie an kinderlosen Männern. In manchen Abteilungen hat man den Eindruck: Der magische Satz „ich habe ja Kinder" verwandelt leistungsfähige Kolleginnen von einer Sekunde auf die andere in Arbeitsverweigerinnen allererster Güte. Kinderlose Frauen haben es spätestens seit Erscheinen des „Methusalem-Komplotts" von Frank Schirrmacher schon schwer genug. Aber ganz dick kommt es für sie, wenn sie mit Müttern in derselben Abteilung arbeiten müssen. Dann müssen sie nämlich ständig die unangenehmen Schichten übernehmen, denn die Mütter können im Prinzip nur von 8 bis 12 Uhr arbeiten. Die Kinderlosen müssen ständig einspringen und Sonderdienste schieben, denn Kinder sind nun mal häufig krank und dann gehört die Mutter nach Hause – was niemand abstreitet, aber es ist eben ein zusätzlicher Belastungsfaktor. Und sie dürfen nur in schulferienfreien Zeiten wie November oder Februar in Urlaub fahren. Kein Wunder also, dass zwischen Müttern und Kinderlosen so häufig Krieg herrscht.

Oft verläuft der Graben in einem Team exakt zwischen den Müttern und den Kinderlosen. Selten sieht man eine Mutter und eine Kinderlose in der Teeküche miteinander lästern. Geratscht wird strikt gruppenintern. Und dann natürlich über die jeweils andere Gruppe. Erschreckend häufig diskutieren die Kinderlosen darüber, dass die G und die K Rabenmütter seien. Oder aber B und J seien Übermütter, die ihre Gören verziehen und sich Null für die Firma interessieren. Auf der anderen Seite hört man aus den Mündern der Mütter Sätze über frustrierte frigide Karrierezicken, die völlig zu Recht kinderlos durchs Leben treiben und gar nicht wüssten, was wahres Glück bedeutet. Und dass es schließlich auch noch ein Leben neben der Firma gibt. Manch eine, und auch mancher männliche Kollege zwischen den Stühlen, plädiert für die strikte Trennung in Mütter- und Nicht-Mütter-Abteilungen, was einiges an Ärger ersparen würde, in der Praxis aber schwierig umzusetzen wäre.

Wie sich die Kluft zwischen Müttern und Kinderlosen verkleinern lässt? Nur durch mehr Verständnis auf beiden Seiten. Die Mütter könnten sich eigentlich freuen über die normalerweise größere zeitliche Flexibilität der Kinderlosen, die immer mal einspringen können, wenn sie selber ausfallen. Die meisten sind ja zur Übernahme von Sondereinsätzen zumindest ab und zu bereit. Die Kinderlosen andererseits könnten sich eigentlich über den angeblich mangelnden Ehrgeiz der Mütter freuen – kann das doch schließlich nur gut sein für ihre eigene Karriere, denn die Zahl der Konkurrentinnen reduziert sich durch Mutterschaften gewaltig. Zudem haben Mütter häufig nur Teilzeitstellen inne, die erfahrungsgemäß kaum als Karrieresprungbrett geeignet sind – das mag man bedauern oder auch nicht, aber in der Praxis ist es so. Nicht zuletzt hilft manchem der trostreiche Gedanke: „Deren Kinder werden mal meine Rente zahlen."

Dass auch der Betrieb selber einiges tun kann für den Frieden zwischen Müttern und Kinderlosen, zeigen Unternehmen wie Bosch oder Weleda, wo es Betriebskindergärten gibt (Bosch) und so viele Arbeitszeitmodelle wie Mitarbeiter (Weleda). Oder auch Verwaltungen wie die Deutsche Rentenversicherung Braunschweig-Hannover, die einen Preis für Familienfreundlichkeit gewonnen hat und zum Beispiel mit einem Familienzimmer aufwartet, in dem Eltern in Gegenwart ihrer Kinder die Arbeit erledigen können, zum Beispiel wenn die Kinderbetreuung überraschend ausfällt.

Ich hab' aber noch Resturlaub!

Schön, wenn dieser Satz aus Ihrem Mund kommt. Dann wird er Ihnen sicher ein Lächeln auf die Lippen zaubern. Bei den anderen wird man mit der Erwähnung des Wortes Resturlaub eher missbilligendes Stirnrunzeln ernten. Sie fürchten, für Sie und die anderen Resturlauber die Arbeit machen zu müssen, während Sie es sich unter der Sonne Mallorcas gut gehen lassen – und die meisten Menschen sind der Ansicht, dass dieser

Rechtliches zum Thema Urlaub

Arbeitnehmer können nicht selbst bestimmen, wann sie ihren Urlaub nehmen. Das legt der Arbeitgeber fest, allerdings sind die Wünsche des Arbeitnehmers dabei zu berücksichtigen. Und der Urlaub sollte möglichst an einem Stück erfolgen. Übrigens muss man auch für Heiligabend und Silvester einen ganzen Urlaubstag nehmen. Wird man während des Urlaubs krank, so werden diese Tage nicht als Urlaub angerechnet, sofern ein Attest vorliegt. Allerdings darf der Arbeitnehmer keine eigenmächtige Verlängerung des Urlaubs vornehmen. Von einer Selbstbeurlaubung ist dringend abzuraten. Eigenmächtiger Urlaubsantritt kann ein Kündigungsgrund sein. Wenn der Arbeitgeber trotz wiederholter Erinnerungen den Urlaub verweigert, muss man notfalls beim Arbeitsgericht eine Klage einreichen.

Bei dringenden betrieblichen Erfordernissen kann der Arbeitgeber auch die Zusage zu einem bewilligten Urlaub widerrufen. Hierzu zählen zum Beispiel folgende Fälle: Unterbesetzung wegen Krankheit oder Kündigung, Stillstandszeiten, Betriebsstörungen, unerwarteter Auftragsanstieg.

Und falls ein Arbeitnehmer für die Firma besonders wichtig ist, weil zum Beispiel kein anderer eine defekte Maschine reparieren kann, so darf der Arbeitgeber ihn sogar aus dem Urlaub zurückrufen.

Satz ausschließlich aus dem Munde anderer zu hören ist. Urlaub ist immer etwas Feines, aber Resturlaub scheint ein noch freudigeres Ereignis zu sein. Ein Rest Urlaub, das ist etwas Aufgespartes, das als Belohnung für vorausgegangene Entsagungen lockt. Es gibt inzwischen sogar einen gleichnamigen Roman mit bestsellerverdächtiger Auflage – die Magie dieses Wortes macht's möglich. Übrigens dürfen Sie Ihren Resturlaub nicht ewig aufsparen und so den Genuss der Vorfreude unbegrenzt verlängern. Irgendwann müssen Sie den Rest verbrauchen, normalerweise bis zum 31. März des Folgejahres. Notfalls muss Ihr Chef Sie halt heimschicken.

Apropos Urlaub. In manchen Büros stellt sich die Frage, wie sich Urlaubs- und Schichtpläne erstellen lassen, ohne dass es Tote gibt. Dass die Kollegen mit schulpflichtigen Kindern bei der Verteilung bevorzugt werden, leuchtet den meisten ein. Aber wenn in derselben Abteilung fast ausschließlich Eltern tätig sind, schlagen die sich regelrecht die Köpfe ein, weil jeder in den ersten vier Wochen der großen Ferien freihaben möchte.

Planen Sie am besten so früh wie möglich. In den meisten Betrieben gibt es hierfür einen Urlaubsplan, in dem jeder seine Wünsche einträgt – in der Regel darf jeder zwei oder drei Vorschläge angeben, wann er am liebsten, wann am zweitliebsten etc. in Urlaub gehen würde. Vielleicht können Sie sich auch schon vor dem Eintragen mit einem anderen Kollegen abstimmen, etwa in dem Sinne, dass er die ersten drei Ferienwochen blockt und Sie die letzten drei. Wenn Sie Zugeständnisse machen – einen Rechtsanspruch haben Sie ja ohnehin nicht –, dann weisen Sie am besten direkt darauf hin, dass Sie auf ein Entgegenkommen an anderer Stelle bauen. Und wenn sich partout keine Lösung finden lässt, wechseln Sie sich mit den Kollegen von Jahr zu Jahr ab. Im Zweifelsfall bestimmt ohnehin der Chef, wer wann in Urlaub darf.

Mit gegenseitigem Respekt kommt man meist weiter. Bei einigen Kollegen fragt man sich zwar, wann sie ihr Gleitzeitkonto aufgebaut haben, aber man vertut sich leicht. Manch ein Frühaufsteher sitzt schon morgens um halb sieben am Schreibtisch, weil sich die Arbeit um diese Zeit ungestört erledigen lässt.

Diese Spezies findet sich übrigens gerade im Bereich der öffentlichen Verwaltung besonders häufig. Kein Wunder also, dass manches Amt dann ab halb vier verwaist ist. Hier ist Verständnis für den anderen Arbeitsrhythmus gefragt. Aber auch Verständnis für Belastungslagen, die auf den ersten Blick vielleicht keine sind, ist hilfreich.

Hierzu ein Extrembeispiel aus der Praxis: Eine Mitarbeiterin eines Call-Centers bat völlig aufgelöst um die sofortige Gewährung zweier Urlaubstage, weil der Hamster ihrer (erwachsenen!) Tochter gestorben sei. Der Vorgesetzte wunderte sich zwar über die Mutter-Tochter-Beziehung. Aber er kam ihrem befremdlich wirkenden Wunsch nach, weil er erkannte, dass sie in ihrer aktuellen Verfassung ohnehin keine gute Leistung abliefern würde. Die Frau dankte ihm und den restlichen Kollegen, die ja entsprechend Mehrarbeit leisten mussten, nach den zwei Tagen mit einem großen Kuchen und der bis heute währenden Bereitschaft zur Übernahme unangenehmer Sonderschichten. Das Verständnis für die Seelenlage der Kollegin hat sich also für alle Beteiligten gelohnt.

Erfolgreich Mobben – leicht gemacht!

Zoff gibt es wohl in jedem Büro, und manchmal ist er sogar die Würze des Alltags. Problematisch wird es aber, wenn die vielen kleinen Niggeligkeiten sich zu systematischem Mobbing verdichten. Wie Sie dem vorbeugen – auch zum Schutz für sich selbst –, erfahren Sie hier.

Allianzen, Fronten, tiefe Gräben oder: Wer nicht für uns ist, ist gegen uns

Die wenigsten Teams sind eine homogene Gruppe. Jedes „ach, die schon wieder!“ zeigt: Hier gibt es Parteien- und Grüppchenbildung. Das ist zunächst einmal nichts Schlimmes, solange die Gruppen noch miteinander reden und vernünftig zusammenarbeiten. Problematisch wird es jedoch, wenn die Gräben so tief sind, dass die Mitglieder beider Seiten keinen Kontakt mehr zueinander haben, sodass es sich faktisch um zwei Teams handelt, die sich noch dazu übel gesonnen sind. Pech für den jeweiligen Vorgesetzten, denn er muss vermitteln, darf nicht Partei ergreifen, muss Opfer schützen – und daneben Produktivitätseinbußen nach oben verkaufen und sich vor ein Team stellen, dass eigentlich keins mehr ist.

Wie Sie sich bei Parteienbildung am besten verhalten? Es klingt vielleicht langweilig, aber am besten versuchen Sie, zwischen beiden Gruppen zu vermitteln. Auch wenn es Ihnen wichtig ist, sich wenigstens in einer Partei aufgehoben zu fühlen statt am Ende womöglich allein dazustehen, sollten Sie sich innerhalb Ihrer Gruppe um eine vermittelnde Position bemühen. Sie können zum Beispiel bei konspirativen Meetings sagen „hört doch auf, euch da reinzusteigern, das sind auch nur Menschen“ – auch auf die Gefahr hin, dass die anderen Sie für einen Spielverderber halten. Erschreckend viele haben ihren Spaß am Krieg im Team. Letztlich gehen solche Aktionen aber immer zulasten der Produktivität. Und wenn bekannt wird, dass man aus der „Loser-Abteilung“ kommt, ist das ganz sicher nicht karriereförderlich. Dann doch lieber den Langweiler mimen.

Wenn Sie darunter leiden, dass die Gruppen Ihres Teams zerstritten sind, schlagen Sie doch eine Teamentwicklungsmaßnahme vor. Das müssen keine lächerlich wirkenden Spielchen sein. Wenn man für zwei Tage Leute einkauft – am besten gleich ein zweiköpfiges Trainergespann, denn zwei Menschen sehen mehr als einer –, die ihr Handwerk verstehen, fühlen sich alle von Anfang an wohl, und am Ende ist aus einem zerzofften Haufen eine Gruppe mit Wir-Gefühl geworden. Aber auch im Vorfeld können Sie schon aktiv werden, zum Beispiel indem Sie sich in den Pausen abwechselnd zu den unterschiedlichen Cliquen dazugesellen, indem Sie Lästereien laut missbilligen und Informationen an alle Grüppchen weitergeben, und zwar so, dass es jeder mitkriegt. Oder Sie melden sich bei einer Sonderaufgabe und sorgen dafür, dass zwei Kollegen aus unterschiedlichen Subgruppen Sie unterstützen. Letztlich profitieren alle davon, wenn das Team wirklich ein Team ist.

Eene meene muh, und raus bist du? Mobbing und wie es sich verhindern lässt

Mobben leicht gemacht? Natürlich wollen wir hier keine Anleitung zum Mobbing geben, sondern Wege zu seiner Verhinderung aufzeigen. Aber leider wird einem in vielen Betrieben das Mobben tatsächlich leicht gemacht: durch unklare Handlungsanweisungen, sich überschneidende Arbeitsbereiche, mangelndes Feedback, Unterforderung, fehlende Anerkennung, Bevorzugung einzelner Mitarbeiter, defizitäre Informationspolitik oder desinteressierte und ohnehin zumeist abwesende Vorgesetzte. Dabei kann jeder Chef etwas tun, um Mobbing in seinem Verantwortungsbereich zu verhindern: Wenn er für klare Strukturen, Hierarchien und eindeutige Kompetenzbereiche sorgt, ist das schon eine gute Basis. Transparente Entscheidungen (idealerweise unter Einbezug von Mitarbeitern) und frühzeitige Informationen an alle, und zwar auch über Krisen oder Misserfolge, sind weitere wichtige Schritte auf dem Weg zu einem offenen Klima. Und falls dann doch einmal ein Fall von Mobbing(vorwürfen) vorkommt, hilft energisches Einschreiten, um Nachfolgehandlungen im Keim zu ersticken.

Aber was ist Mobbing überhaupt? Jeder glaubt zu wissen, was man darunter versteht. Das Wort ist in jedermanns Munde, und allzu häufig wird es leichtfertig verwendet und inflationär auf jeden Sachverhalt angewandt, bei dem der Gesprächspartner anderer Meinung ist und diese auch vertritt. Einmalige Handlungen wie Nicht-Grüßen, Nicht-in-die-Kantine-Mitnehmen, Runtermachen vor Kunden etc. sind aber niemals Mobbing. Von Mobbing spricht man erst, wenn es sich um destruktive Handlungen oder Schikanen handelt, die systematisch betrieben werden. Und zwar regelmäßig über einen längeren Zeitraum – mindestens ein halbes Jahr – hinweg zielgerichtet gegen eine Person, die aufgrund ihrer Situation unterlegen ist. Häufig wird als weiteres Definitionskriterium ergänzt, dass die Handlungen einen Ausstoß aus dem Arbeitsverhältnis zur Folge haben. Zu Mobbinghandlungen zählen so unterschiedliche Verhaltensweisen wie: Lästern, Ignorieren, körperliche Angriffe, Beleidigungen, Angriffe auf die Privatsphäre, Gerüchte streuen, unberechtigte Kritik, Drohungen und bewusste Desinformation.

Laut Mobbing-Report der Bundesanstalt für Arbeitsschutz und Arbeitsmedizin waren im Jahr 2000 ca. eine Million Erwerbstätiger in Deutschland von Mobbing betroffen. Über die Höhe der Kosten für psychische und physische Folgeschäden sowie finanzielle Einbußen für das Unternehmen kann nur spekuliert werden. Sie dürften aber gewaltig sein, denn die Leistungsfähigkeit wird durch Mobbing stark reduziert. Zu den typischen Symptomen gehören Selbstzweifel, Ohnmachtsgefühle, Konzentrationsprobleme, Denkblockaden, Niedergeschlagenheit, Kopfschmerzen, Schlafstörungen, Schwindel und Rückenschmerzen. Im späteren Stadium stellen sich oft depressive Störungen, Existenzängste, Selbstmordgedanken,

Vitalitätsverlust und Suchterkrankungen ein. Im Extremfall gipfeln Mobbingfolgen in Suizidversuchen. Laut Mobbing-Report berichten 44 Prozent der gemobbten Personen über stärkere gesundheitliche Einschränkungen.

Wenn das Kind schon in den Brunnen gefallen ist – wenn also die Mobbing-Aktivitäten schon im vollen Gange sind –, ist es meist zu spät für eine gütliche Einigung. Der beste Weg lautet wie so oft: Prävention. Gar nicht erst in das Dilemma hineingeraten, indem von Anfang an ein Klima von Offenheit, Transparenz und Respekt gepflegt wird. Da haben Mobbingaktivitäten es nämlich schwer, ihre destruktive Wirkung zu entfalten. Auch Sie können präventiv zu einem guten Teamklima beitragen, etwa indem Sie jeden einbeziehen und Kontakte zu allen pflegen. Was können Sie tun, wenn ein Kollege gemobbt wird? Beziehen Sie Stellung, aber möglichst ohne als barmherziger Samariter dazustehen. Wer die Moralkeule schwingt à la „das finde ich jetzt aber nicht richtig, was ihr da macht“, landet schnell selbst im Abseits. Damit verdient man sich zwar einen Gut-Mensch-Punkt im Himmel, aber das hilft dem Mobbing-Opfer nur in den seltensten Fällen.

Sinnvoller und souveräner ist es, zu mehr Respekt zu mahnen, anfangs vielleicht sogar spaßig, zum Beispiel mit Sätzen wie „He, was bist denn du plötzlich für ein Klimavergifter?“ Damit geben Sie zu verstehen, dass Sie das ausgrenzende Verhalten missbilligen. Zugleich zeigen Sie, dass das Verhalten in Ihren Augen für den anderen untypisch ist, also nicht recht zu ihm passt. Da die meisten Menschen das Bedürfnis haben, als stabile Persönlichkeit wahrgenommen zu werden, ist so eine milde Zurechtweisung oft hilfreich. Jeder möchte so auftreten, dass sein Verhalten als typisch für ihn bewertet wird. Bisweilen ist auch die Bemerkung „so was hast du doch nicht nötig“ zielführend, um den anderen von seinen Aggressionen abzubringen.

So schaffen Sie ein gutes Teamklima

- Achten Sie darauf, dass sich bei Veranstaltungen niemand ausgeschlossen fühlt!
- Fragen Sie auch stillere Kollegen mal um ihre Meinung!
- Wenn Sie Angriffe auf Kollegen erleben: Mahnen Sie zu mehr Respekt!
- Fangen Sie mit der positiven Stimmung bei sich selbst an!
- Pflegen Sie einen höflichen und freundlichen Kommunikationsstil!

„Tut uns leid, da haben wir dich wohl vergessen" – wenn es Sie selbst trifft

Und wenn Sie selber gemobbt werden? Wenn Kollegen Ihnen Infos vorenthalten, später aber behaupten, sie hätten Sie informiert? Ihre Ausstattung hinter Ihrem Rücken demolieren? Anonym kleine Karten mit beleidigenden Sprüchen auf den Schreibtisch legen? Man wird schneller zum Mobbing-Opfer, als man denkt. Die beste Präventionsmaßnahme besteht in einem dicht geknüpften sozialen Netz. Wer mit unterschiedlichsten Leuten aus unterschiedlichen Abteilungen im regen Kontakt steht, spannt auf diese Weise ein Netz, das nach verschiedenen Richtungen hin abgesichert ist. Selbst wenn ein Strang reißen sollte, sind da noch genug andere, die einen halten. Außerdem ist es sehr unwahrscheinlich, dass jemand, der sozial sehr gut eingebettet ist, Opfer von Mobbingangriffen wird. Seine Position ist einfach zu mächtig. Das Prinzip war schon in der Schule hilfreich („wenn du mich noch mal haust, hol ich meine sieben Brüder").

Zweitbester Weg bzw. zweiter Schritt: Frühzeitig eingreifen und sich zur Wehr setzen. Dem Mobber – oder notfalls dem gesamten Team, falls kein Einzelner identifizierbar ist – Grenzen aufzeigen, zunächst möglichst ohne Drohungen wie „dann geh ich zum Betriebsrat". Stattdessen sollte man klar und deutlich die Tat ansprechen, und zwar am besten vor Dritten, indem man den Mobber zum Unterlassen seiner Handlungen auffordert. Den meisten dürfte dabei das Herz bis zum Hals schlagen, und viele fühlen sich schon zu diesem Zeitpunkt gekränkt und im Selbstwertgefühl reduziert. Trotzdem sollte man versuchen, zugleich energisch und bestimmt aufzutreten. Vielleicht kann man vorher mit einem guten Freund das Gespräch üben, inklusive Tonfall und Lautstärke. Sinnvoll ist, spätestens zu diesem Zeitpunkt mit dem Führen eines Mobbing-Tagebuches zu beginnen, in dem Art, Anzahl, Dauer und Häufigkeit der Handlungen sowie natürlich Namen der Täter notiert werden. Falls es irgendwann zu Schritt drei kommen sollte, kann man auf diese Weise das Geschehen dokumentieren und für Außenstehende nachvollziehbar machen.

Dritter Schritt: Gegenmaßnahmen ergreifen. Dabei sollte man sich deutlich machen: Schon der Gang zum Betriebsrat stellt eine Form von Eskalation dar. Es ist höchst unwahrscheinlich, dass zwei Menschen danach jemals wieder gut miteinander arbeiten können. Das Verhältnis ist gestört, die Atmosphäre in der Abteilung vergiftet oder zumindest verkrampft, und meist geht auch ein Graben quer durch die Abteilung. Wo früher ein Team war, sind es jetzt zwei einander gegenüberstehende Parteien. Das kann niemand wollen, denn die Produktivität wird so oder so in Mitleidenschaft gezogen. Derjenige, der als „Teamspalter" angesehen wird, hat in der Folge keinen guten Stand mehr im Team und wird es in der Regel verlassen. Der Gemobbte selber wird nur selten glücklich durch das Ergreifen offizieller Maßnahmen. Selbst wenn vor Gericht ein Schmerzensgeld erstritten wird, so bleiben doch oft seelische Narben, die sich nicht mit Geld heilen lassen. Den meisten wäre ein Arbeitsplatz in einem normalen Team wesentlich lieber.

Da also Mobbingfälle vor Gericht oder auch nur vor dem Vorgesetzten bzw. dem Betriebsrat nur selten zur Zufriedenheit des Betroffenen gelöst werden, ist es sinnvoller, freiwillig den Kürzeren zu ziehen und zum Beispiel um Versetzung zu bitten.

Rechtliches zum Thema Mobbing
Der Arbeitgeber hat eine Fürsorgepflicht gegenüber den Arbeitnehmern, das heißt unter anderem, er ist verantwortlich für den Schutz von Leben und Gesundheit seiner Beschäftigten. Hierunter fällt letztlich auch das Betriebsklima. Sobald ein Arbeitgeber von Mobbing gegen einen Arbeitnehmer erfährt, muss er Maßnahmen zu dessen Schutz ergreifen, zum Beispiel indem er den mobbenden Mitarbeiter abmahnt oder ihm kündigt. Sofern der Arbeitgeber nichts unternimmt, darf der Arbeitnehmer seine Arbeitsleistung einstellen und unter Umständen Schmerzensgeld- und Schadensersatzansprüche geltend machen.

Das ist sicherlich nicht befriedigend, und viele sind dazu auch zu stolz, aber im Zweifelsfall sollte einem die Erhaltung der eigenen Gesundheit das wert sein. Eskalationen wie Gerichtsprozesse reiben einen auf. Meist ist man dabei über längere Zeit nervlich angespannt, kann schlecht schlafen etc. Mit anderen Worten: Das Bedürfnis nach Recht bzw. Rache zeitigt dieselben Symptome, die auch schon vorher das Mobbing kennzeichnete. Wenn man sich das klarmacht, fällt die Entscheidung, freiwillig das Feld zu räumen, vielleicht leichter. Wichtig ist grundsätzlich, sich selbst zu stärken und das Selbstwertgefühl aufzupäppeln, damit es weniger leicht angreifbar wird.

Im Schweiße seines Angesichts? Drogen, Lärm und Körpergerüche

Kippen, Krach und Körpergerüche können das Wohlbefinden und die Atmosphäre im Büro stark beeinträchtigen. Auf den nächsten Seiten erfahren Sie, wie Sie stilvoll mit Störenfrieden aller Art umgehen und mögliche Konfliktsituationen souverän meistern.

Konfliktherd Zigarette: der Kampf ums rauchfreie Büro

„Im Schweiße deines Angesichts sollst du dein Brot verdienen" heißt es. Und nicht: im Dunste der Zigaretten deiner Kollegen. Damit ist ja nun ohnehin bald Schluss. Die Zahl der Raucher ist – vermutlich nicht zuletzt aufgrund der Auseinandersetzungen über gesetzliche Regelungen zum Nichtraucherschutz – seit Jahren deutlich rückläufig. Für die meisten heißt es dann aufatmen in rauchfreier Luft. Schon seit Langem sorgen Zigaretten im Büro für dicke Luft und liefern Konfliktstoff für manche Teamsitzung, weil sich die einen durch die anderen gestört fühlten und beide Gruppen einander mangelndes Verständnis vorwarfen. An dem Thema entfachen sich Kämpfe zwischen Rauchern und Nichtrauchern, die denen zwischen Müttern und Kinderlosen in nichts nachstehen. Dabei ist die

Wissenswertes über das Rauchen am Arbeitsplatz
Die Raucher behaupten häufig: Wer raucht, arbeitet entspannter und hält mehr Stress aus. Ein verbreitetes Argument, das leider nicht stimmt. Studien zufolge sinkt nämlich die Produktivität von Mitarbeitern, die am Arbeitsplatz rauchen, merklich. Auch gehen Raucher 1,3-mal häufiger in den Krankenstand. Nicht zu verachten sind die Kosten für die unproduktive Zeit: Geht man von einer dafür durchschnittlich benötigten Zeit von 15 Minuten pro Tag aus, bei 220 Arbeitstagen pro Jahr, ver(b)raucht ein Raucher fast zehn Tage pro Jahr allein mit seinen Glimmstängeln. Das Arbeitszeitgesetz sieht keine eigenen Rauchpausen vor. Es gelten nur die gesetzlich vorgeschriebenen Pausen. Seit 1. Juli 2007 ist das Rauchen in sämtlichen Einrichtungen des Bundes untersagt, Arbeitgeber können Rauchpausen hingegen sehr wohl gestatten. Es gibt aber auch immer mehr Firmen, die von ihren Mitarbeitern fordern, dass sie ausstempeln, bevor sie zum Rauchen gehen – zukünftig wird das vermutlich die Regel sein. Eine eigenmächtig beschlossene Rauchpause kann unter besonders erschwerenden Umständen sogar ein Entlassungsgrund sein.

Zigarette häufig nur der Vorwand für tiefer liegende Konflikte. Persönliche Fehden werden dann unter dem Deckmantel des Nichtraucherschutzes ausgetragen, obwohl es in Wahrheit beispielsweise um Rache für monatelang zurückliegende Kränkungen geht. Der Kampf gegen das Rauchen liefert einen moralisch hochwertigen Schauplatz für die Austragung von Kämpfen, die eigentlich auf zwischenmenschlicher Abneigung oder Groll beruhen.

Auch den Gang des Mitarbeiters zum Getränkeautomaten um die Ecke wollten Firmen von der Arbeitszeit abziehen, was natürlich völliger Unfug ist. Denn der Arbeitgeber muss aufgrund des Persönlichkeitsrechts die persönlichen Bedürfnisse der Mitarbeiter respektieren. Einen positiven Weg hierzu beschritt ein Unternehmen der Metallbranche. Hier hatte man beobachtet, dass sich Raucher gern abteilungsübergreifend trafen und sich in ihren Gesprächen auch über Firmenbelange austauschten, sodass sich manche Missverständnisse klären ließen und der Zusammenhalt gefördert wurde. Um gleiche Effekte auch ohne Nikotin und Kondensat zu ermöglichen, richtete das Unternehmen als Pendant zu den bekannten Raucherecken sogenannte Apfelecken ein: Stehtische mit Obstkörben, die räumlich durch Stellwände abgetrennt wurden. Nach anfänglicher Skepsis wurde die Einrichtung dankend angenommen, denn die Beschäftigten haben das Signal der Firmenleitung verstanden: Wir wollen, dass ihr euch eure Pause nehmt – und wir kümmern uns darum, dass ihr sie gesund gestaltet.

Mief im Büro: mit Deos gegen dicke Luft

Neben Zigarettenqualm gibt es weitere Luftverschmutzer in Büros, die ebenfalls für eine vergiftete Atmosphäre sorgen können. Manch ein Kollege nimmt den Spruch vom Schweiße des Angesichts etwas arg ernst und lässt das restliche Team noch Tage später die Zeugnisse seiner Anstrengungen einatmen. So gibt es Ausdünstungen aus Hemden, die drei oder mehr Tage getragen werden, Hosen, die seit Wochen nicht gewaschen wurden, oder Achselhöhlen, die noch nie Kontakt zu Deodorants hatten. Wie gehen Teams normalerweise mit unangenehmen Gerüchen dieser Herkunft um? Sie schenken zu Weihnachten eine Duschgelserie. Oder sie legen dem Kollegen anonym ein Deo ins Fach. Sie verteilen Waschpulverproben oder hängen unangenehm stinkende Tannen-Wunderbäume auf. Nebenher lästern sie gern und häufig über die dicke Luft im Büro, grinsen sich an und reißen die Fenster auf. Eines aber tun sie normalerweise nicht: den Kollegen auf seine Ausdünstungen ansprechen. Dazu fehlt den meisten der Mut. Dabei wäre das der einzige Schritt, um das Problem fair und gesichtswahrend aus dem Weg zu räumen.

Dabei kann man die Zurückhaltung im Grunde verstehen. Schließlich gibt es in unserer Gesellschaft kaum ein peinlicheres Thema als die Körperhygiene. Auf kaum einem Gebiet ist die Gefahr, durch falsche Wortwahl das Gegenüber zu beleidigen, daher so groß. Andererseits stellt auch ein Deo im Fach eine Beleidigung dar. Und da sie anonym ist, ist sie unter Umständen noch verletzender als es ein Gespräch je sein könnte. Angenommen, Sie leiden unter einem Kollegen, der unangenehm riecht. Wie können Sie das Kind beim Namen nennen, ohne dass Ihr Verhältnis zerrüttet wird? Gehen Sie davon aus: Bei den meisten Menschen genügt aufgrund der Intimität des Themas ein winzig kleiner (aber deutlicher!) Anstoß, und sofort überdenken sie ihre gesamte Körperhygiene. Wenn Sie dieser These zustimmen, bedeutet dies, dass sich das erste Gespräch und ein potenzielles zweites deutlich unterscheiden. Das zweite wird, wie gesagt, in der Regel gar nicht nötig sein. Für das erste Gespräch gilt: Benutzen Sie so viele Weichmacher-Formulierungen wie möglich, also Formulierungen, die

Ihrer Rede die Schärfe nehmen. So könnten Sie beispielsweise Ihr Anliegen – ganz vorsichtig – mit den folgenden Sätzen vorbringen:

„Irgendwie (Weichmacher) kommt es mir gerade im Moment (Weichmacher) so vor, als würdest du ein bisschen (Weichmacher) unangenehm riechen. Vielleicht irre ich mich auch (Weichmacher). Ich kenne das von mir selbst: Man (Weichmacher) merkt das ja nicht unbedingt selber. Wenn ich zum Beispiel Knofi gegessen habe, rieche ich das auch nicht, bis meine Frau mich darauf anspricht. Ich dachte nur, ich sag's mal. Ist ja sonst auch ein bisschen (Weichmacher) unangenehm."

Keine Frage, Ihr Gegenüber hat keinen Knoblauch gegessen, und es ist für Sie sehr unangenehm. Aber Sie benutzen den Knoblauch quasi als Trojanisches Pferd, damit der andere nicht sein Gesicht verliert. Denn wenn man (!) manchmal nicht merkt, dass man unangenehm riecht, dann kann das ja wohl sooo schlimm nicht sein. Anscheinend ist es durchaus im Rahmen des Normalen und keine Schande, ab und zu unangenehm zu riechen. Auch die Abmilderung durch die Weichmacher-Ausdrücke signalisiert: Das kann passieren, aber du solltest es abstellen. Das bringen Sie mit den obigen Formulierungen zum Ausdruck und ermöglichen Ihrem Gegenüber auf diese Weise einen geordneten Rückzug, sprich eine Verhaltensänderung, die ihn vor wirklichen Peinlichkeiten bewahrt. Falls sich wider Erwarten nichts ändert, sollten Sie im zweiten Gespräch „Butter bei de Fisch" geben und den Sachverhalt klar ansprechen:

„Kurti, wir haben neulich schon drüber gesprochen: Du stinkst. Das ist für mich eine Zumutung neben dir zu arbeiten. Dein Hemd trägst du schon seit drei Tagen. Ist doch kein Wunder, dass das inzwischen stinkt, denn bei dieser Hitze schwitzt man halt unterm Arm. Also zieh doch bitte morgen ein anderes Hemd an."

Gleiches gilt übrigens auch für den Tomatensalat mit frischen Zwiebeln, den die junge Auszubildende in jeder Mittagspause mit Genuss verzehrt. Oder auch für das penetrant stinkende Parfüm der Bürodiva. Nur Mut ... schließlich geht es um nichts Geringeres als Ihr Wohlbefinden für acht Stunden eines jeden Tages.

Viel Lärm um nichts?

Gerade in Großraumbüros kommt es häufig zu Lärmbelästigungen, allen Stellwänden und Stoffbezügen zum Trotz. Viele Menschen haben das Gefühl, dass ihre Konzentration nachlässt, wenn der Lärmpegel steigt. Das ist keine Einbildung, aber unser Belästigungsempfinden ist auch Kopfsache. Will heißen: Wer sich intensiv darauf konzentriert, wie enervierend laut die Kollegin in den Hörer brüllt, für den schraubt sich die Empfindung und Bewertung derselben Dezibelzahl deutlich in die Höhe. Durch Konzentration auf einen Reiz steigt dessen Intensität. Es gibt Lebensbereiche, in denen wir für diese Erfahrung sehr dankbar sind, zum Beispiel bei Sahnetorte, Salsamusik oder Sex. Und es gibt das Büro, wo wir es gern anders hätten.

Nun kann aber kaum jemand am Arbeitsplatz Büro Gehörschutz tragen. Das sähe nicht nur bescheuert aus, es würde auch die Kommunikationsfähigkeit erheblich einschränken, und Großraumbüros werden ja unter anderem für den Zweck eingerichtet, die Kommunikation zwischen Kollegen zu erleichtern. Sie müssen also einen anderen Weg finden, um sich akustisch abzuschotten. Manchem helfen große Zimmerpflanzen. Vielleicht erfüllen sie in puncto Lärmminderung nur eine Placebofunktion, vielleicht dämpfen sie tatsächlich, in jedem Fall aber bieten sie einen Vorteil, der gern angenommen wird, nämlich relativen Sichtschutz. Permanente Sichtbarkeit am Arbeitsplatz kann ein enormer Stressor sein.

Wie Sie Lärmbelästigung im Büro vorbeugen können

- Sorgen Sie für Stellwände, möglichst mit Stoffbezug!
- Auch Vorhänge fangen Schallwellen ab!
- Zimmerpflanzen reduzieren das Belästigungsempfinden!
- Bei flexiblen Arbeitszeiten: Kommen Sie frühmorgens oder abends!
- Konzentrieren Sie sich bewusst auf andere Dinge!

Man ist quasi nie unbelauscht und auch nie unsichtbar. Also muss man sich im Großraumbüro ständig gut benehmen. Darf sich nicht nach Belieben recken und strecken, muss sich ordentlich die Nase putzen, muss sein Pausenbrot manierlich essen, darf nicht gähnen und muss überhaupt permanent eine gute Figur machen und wie aus dem Ei gepellt wirken. Das ist ganz schön anstrengend. Und dazu noch die Lärmkulisse. Als wäre das noch nicht alles, kommt für viele noch das Raumklima als weiterer Belastungsfaktor hinzu. Beziehungsweise manchmal sind es auch primär die Klagen der Kollegen, die einen belasten. Was dem Trudchen längst zu kalt ist, ist dem Stefan noch immer zu warm, sodass er gern zusätzlich für Zugluft durch geöffnete Fenster sorgt, was wiederum das Trudchen in Erkältungspanik treibt. Pech, wenn sich beide bei Ihnen oder in Ihrer Hörweite ausjammern und womöglich abwechselnd am Temperaturregler drehen. Der so schöne saubere Arbeitsplatz Büro birgt ganz schön viele Tücken.

Falls sich auch durch Stellwände und die Verwendung von Stoffen nichts an der Lärmbelastung ändern lässt, Sie keinen Einfluss nehmen können auf die Raumtemperatur und Sie auch in der Platzwahl beschnitten sind, müssen Sie sich wohl oder übel mit den Gegebenheiten arrangieren. Sie müssen die Belastungen mental bewältigen, statt sich hineinzusteigern. Dazu sollten Sie Ihre Gedanken in positive Bahnen lenken –

das klingt schwerer als es ist. Ein erster Schritt ist Dankbarkeit: Seien Sie dankbar für jede Kleinigkeit, die Sie an Ihrem Arbeitsplatz selbst gestalten können.

Menschen in Büros mit Klimaanlagen klagen über umso mehr Beschwerden – Bindehautreizungen, Hauttrockenheit, Geruchsbelästigung –, je weniger Einflussmöglichkeiten sie haben. Der menschliche Gestaltungswille wird gebrochen, und das macht unzufrieden. Man hat festgestellt, dass im Grunde das zwischenmenschliche Klima gestört ist, wenn sich die Klagen über das Raumklima häufen. Nun lässt sich darüber streiten, was dabei Ursache und was Wirkung ist. In jedem Fall scheint das Bedürfnis nach Gestaltung wesentlich für das menschliche Wohlbefinden zu sein.

Wenn Sie also Fotos aufstellen oder sogar Pflanzen mitbringen dürfen, freuen Sie sich. Vielleicht können Sie die Aufstellung Ihres Schreibtisches um ein paar Grad verändern, und haben so eine angenehmere Sicht? Bringen Sie sich Ihren eigenen Tee mit, den Sie in der Teeküche zubereiten können? Oder wenigstens die eigene Teetasse? Diese kleinen Dinge geben Ihnen das Gefühl, weniger Opfer als Gestalter zu sein, und das ist gut für Ihre psychische Ausgeglichenheit. Und wenn Sie trotzdem einmal durch den Lärmpegel genervt sind, versuchen Sie am besten, das als Test für Ihre Konzentrationsfähigkeit zu sehen.

„Hast du schon gehört …?“ Die geheimen Mechanismen des Flurfunks

Kein Büro ohne Lästereien, nirgendwo brodelt die Gerüchteküche intensiver. Sich beim Tratschen in der Gemeinschaft so richtig schön geborgen zu fühlen, das hat ja auch was. Aber Achtung! Hier lauern Gefahren. Gar nicht so einfach, zu wissen, was man getrost erzählen darf und was man – auch außerhalb der Arbeit – besser für sich behält?

„Komm doch gleich mal in die Teeküche, ich muss dir was erzählen …"

Büros sind die Brutstätte schlechthin für Lästereien aller Art. Bei einigen Kollegen scheint es, als würden sie ausschließlich zum Austausch hinterhältiger Informationen am Arbeitsplatz erscheinen. Stundenlang wird da getuschelt und gemauschelt. Ich frage mich manchmal, ob in den Büros überhaupt noch jemand arbeitet, wo doch die Teeküchen ständig überfüllt sind. Die Themen gehen den Beteiligten nicht aus: vom zu tief ausgeschnittenen Kleid der neuen Auszubildenden über die misslungene Haartönung der älteren Kollegin bis zur goldenen Uhr am Handgelenk des Möchtegern-bald-Chefs. Kennen Sie das auch? Da werden Liebesverhältnisse nachgesagt, Ehescheidungen prophezeit und Karriereenden herbeigemunkelt – natürlich ohne dass die Betroffenen hiervon Wind bekämen.

So moralisch verwerflich es ist, hinter dem Rücken anderer schlecht über sie zu reden: Lästern erfüllt dennoch eine soziale Funktion. Es schweißt nämlich (scheinbar) zusammen und schmiedet Allianzen. Gerade in Zeiten von Umstrukturierungen, wo Menschen um ihren angestammten Arbeitsplatz fürchten, hat Lästern Hochkonjunktur: Man glaubt, sich auf die Solidarität der anderen verlassen zu können, wenn man nur intensiv genug mit ihnen über abwesende Dritte herzieht. Außerdem sind Lästereien so beliebt, weil sie eine Form von Selbstdefinition und Aufwertung des eigenen Selbstwertgefühls ermöglichen. Wenn meine Frisur gepflegter ist als die von Frau XY, dann fühle ich mich besser. Vor allem, wenn ich dieses Wissen mit Kollegin ZX teilen kann.

Trotzdem sollten Sie sich nach Möglichkeit raushalten aus derartigen Tratsch-Veranstaltungen. Zum einen weil Sie selbst ja sicher kein Opfer von Lästereien werden wollen. Und zum anderen, weil das Zusammengehörigkeitsgefühl durch geteilten Tratsch nur scheinbar gestärkt wird. In Wahrheit werden Misstrauen und schlechte Stimmung gesät, die das gesamte Team in Mitleidenschaft ziehen können. Manch ein Lästerhannes konnte schon am eigenen Leib erleben, wie schnell Kollegen die Fronten wechseln, je nachdem, mit wem sie gerade ein Zimmer teilten. Und plötzlich stand er ganz allein da. Wenn es Ihnen darum geht, den Zusammenhalt zu stärken, sollten Sie stattdessen positive Bande knüpfen. Wohl jeder kennt den Spruch „de mortuis nihil nisi bene" (über die Toten sollte man nur Gutes sagen) – den Geltungsbereich sollte man auf die Lebenden ausweiten. Über Kollegen sollte man nach Möglichkeit nur Positives sprechen. Und wenn man sich über einen anderen aufgeregt hat, ihm dies unter vier Augen klar ins Gesicht sagen. Das ist besser fürs eigene Wohlbefinden und zugleich ein Schutz, um nicht selbst zum Lästeropfer zu werden.

Wie Sie Lästereien vorbeugen können

- Bleiben Sie stets mit allen im Gespräch und vermeiden Sie Cliquenzugehörigkeiten.
- Sprechen Sie es sofort offen an, wenn Sie mitbekommen, dass unschön über Sie geredet wird!
- Halten Sie selbst sich aus Lästereien heraus!
- Wenn Kollegen Sie in Tratsch einbeziehen wollen, machen Sie deutlich, dass das nicht Ihre Art ist und Sie Lästereien missbilligen!
- Werden Sie zum Anwalt der Toleranz à la „Jeder Jeck ist anders"!

Dass Lästern auch rechtliche Folgen nach sich ziehen kann, ist vielen Tratschtanten und Teeküchendauerbesetzern nicht klar. In einem wahren Fall hatte eine Mitarbeiterin wiederholt behauptet, der Vorgesetzte hätte ein Verhältnis mit einer anderen Kollegin. Dieses Gerücht schürte sie nach Kräften. Als der Chef davon erfuhr, kündigte er ihr fristlos. Die Frau klagte dagegen, jedoch ohne Erfolg. Die Richter befanden, dass in dem kleinen Unternehmen eine Fortsetzung des Arbeitsverhältnisses unzumutbar gewesen wäre.

Psssst, Betriebsgeheimnis!

Ähnlich delikat wie Lästereien über Kollegen: Betriebsgeheimnisse. Am besten behalten Sie Ihr unternehmensbezogenes Detailwissen grundsätzlich für sich, sofern es sich um Interna handelt, die potenziell schützenswert sein könnten. Hierzu gehören zum Beispiel Informationen über Auftragsvolumina, die Auftragslage generell, Bilanzen oder Personalentscheidungen. Gute Freunde sind von dieser Regelung natürlich ausgenommen, aber allzu weit sollten Sie den Kreis nicht ziehen – denn wer weiß schon, wer alles wen kennt? Spätestens seit Bestehen der Internet-Kontaktplattform XING (früher: open-bc) ist klar: Die meisten Menschen sind über maximal sechs Ecken miteinander bekannt.

Was manch einem nicht bewusst ist: Man kann rechtlich belangt werden, wenn man Unternehmensgeheimnisse weitergibt. Mit dem Arbeitsvertrag haben Sie in der Regel auch eine Klausel unterzeichnet, in der es heißt, dass Sie Stillschweigen über innerbetriebliche Vorgänge zu wahren haben. Dabei gilt die Ver-

Rechtliches zum Thema Betriebsgeheimnis

Unter die Verschwiegenheitspflicht fallen in der Regel alle Informationen, die nur wenige Personen kennen und an deren Geheimhaltung der Arbeitgeber ein berechtigtes Interesse hat, wie zum Beispiel die Auftragslage, Bilanzen oder Personalentscheidungen. Beim Verstoß gegen die Verschwiegenheitspflicht können Schadensersatzforderungen fällig werden, aber auch Abmahnung und Kündigung. Der Fall kann zum Beispiel eintreten, wenn jemand ein Gerücht über eine drohende Pleite des Unternehmens verbreitet. So wie der Arbeitgeber eine Fürsorgepflicht hat, hat der Arbeitnehmer eine Treue- oder Loyalitätspflicht. Die Verschwiegenheitspflicht gilt auch über das Arbeitsverhältnis hinaus, bleibt also auch beim Jobwechsel bestehen.

schwiegenheitspflicht sogar ohne entsprechenden Passus im Vertrag – besser also, Sie sind eine Spur vorsichtiger, als Sie es eigentlich selbst für notwendig halten!

Es versteht sich eigentlich von selbst: Wer eine neue Stelle antritt, sollte keine Interna über den früheren Arbeitgeber preisgeben. Das gilt selbstverständlich auch schon für das Vorstellungsgespräch. Personaler haben ein natürliches Interesse daran, möglichst viel über Mitbewerber, also zum Beispiel den jetzigen Arbeitgeber des Jobsuchenden, zu erfahren. Manche laden allein aus diesem Grunde Kandidaten ein: Sie wollen wissen, wo bei der Konkurrenz der Hase lang läuft, zum Beispiel welche Entwicklungen geplant sind oder welche Produkte demnächst auf den Markt kommen.

In einem Bewerbungsgespräch ist man aufgeregt. Deshalb ist hier doppelte Vorsicht angesagt, damit man sich nicht verplappert. Am besten, man macht sich bereits bei der Vorbereitung Gedanken über mögliche Tabuinhalte und überlegt sich, wie man das Gegenüber lächelnd, aber bestimmt in seine Grenzen weisen kann. Verschwiegenheit kann sich hierbei auch auszahlen: Wer keine Details preisgibt, zeigt damit seine Loyalität gegenüber seinem bisherigen Unternehmen. Und die hätte natürlich auch der neue Arbeitgeber gern. Übrigens gilt die Verschwiegenheitspflicht auch umgekehrt: Der Arbeitgeber darf auch über Sie keine näheren Informationen an Dritte weitergegeben.

Dass es tatsächlich rechtliche Folgen haben kann, wenn man Betriebsgeheimnisse ausplaudert, erfuhr eine Frau, die aus übertriebener Solidarität gegenüber ihrem alten Chef, der in ein Konkurrenzunternehmen gewechselt war, Angebotspreise, Projektlisten und andere Dateien aus ihrem Unternehmen übermittelt hatte. Sie erhielt eine außerordentliche Kündigung, die laut Richtermeinung nicht unverhältnismäßig gewesen ist.

„Wie, du kriegst mehr als ich?“ Die Gehaltshöhe und anderes Intimwissen

Wer redet schon gern über Geld?! Und wer wüsste nicht gern, was der andere verdient? Die Fragen werden vermutlich unterschiedlich beantwortet. Diese Interna interessieren jeden, aber kaum einer möchte sich hierzu äußern. Dabei dürfte man rein rechtlich betrachtet darüber reden, denn sofern im Arbeitsvertrag nichts anderes vereinbart ist, fällt die Gehaltshöhe nicht unter die Verschwiegenheitspflicht. Trotzdem behalten die meisten Beschäftigten diese Information lieber für sich. Denn es geht nur vordergründig um Geld. Die meisten Menschen machen am Gehalt ihre Bedeutung für das Unternehmen fest. Sie werden bewegt von der Frage: Wie viel bin ich wert? Wie wichtig bin ich? Für das Unternehmen und generell. Und da wir alle danach streben, wichtig zu sein, interessiert die Frage nach dem Gehalt entsprechend brennend. Das Gehalt gilt als Gradmesser für die Bedeutung. Und ein Gehaltsvergleich könnte als Kränkung empfunden werden oder Neider auf den Plan rufen, je nachdem, ob der andere nun mehr oder weniger verdient als der Gesprächspartner. Kämpfen Sie gegebenenfalls um die nächste Gehaltserhöhung, aber ohne Ihr Geheimwissen als Argument einzusetzen (es sei denn, der Kollege selber hat Ihnen offen davon erzählt), und halten Sie sich immer vor Augen: Es gibt noch etwas Wichtigeres als Geld. Und Ihre Bedeutung lässt sich nicht in Geld bemessen.

Auch bei anderen persönlichen Infos sollten Sie besser Vorsicht walten lassen, was allzu große Offenheit angeht, und zwar als Selbstschutzmaßnahme. Natürlich macht Offenheit sympathisch, und in Sachen Vertrauen ist es wichtig für jede Gruppe, wenn einer den ersten Schritt macht. Aber sobald Sie merken, dass Ihre Offenheit (zum Beispiel über Schulprobleme des Kindes, Krankheiten des Partners oder Ähnliches) nicht im Gegenzug mit Offenheit „belohnt“ wird, sollten Sie Ihre Öffnungsbereitschaft zurückfahren. Es ist besser, den Austausch mit anderen Menschen in diesem Fall außerhalb der Arbeit zu suchen. Es ist ein unangenehmes Gefühl, wenn man den Eindruck hat, sich vor den anderen entblößt zu haben. Das Schamgefühl hemmt fortan im Umgang mit den anderen, und die Position innerhalb des Teams muss neu gefunden werden. Allzu offenherzig sollten Sie also nur dann sein, wenn Ihr Selbstbewusstsein entsprechend stabil ist.

Manchmal kursieren aber auch Gerüchte über einen, ohne dass man selbst wissentlich etwas dazu beigetragen hat. Das ist häufig dann der Fall, wenn ein Mensch sich zu sehr bedeckt hält, was Informationen über sein Privatleben oder seine Einstellungen angeht. Gerüchte sind nämlich häufig die Folge von Wissenslücken. Wenn Sie dieser Form des Flurfunks keine Chance geben wollen, sollten Sie auf Folgendes achten: Geben Sie ab und zu auch persönliche Informationen von sich preis. Es muss ja nichts Intimes sein. Aber Sie könnten erzählen, was Sie gerade lesen oder welchen Film Sie gesehen haben oder was Sie von der Einrichtung des neuen Gesundheitsmanagements halten. Auch bei sozialen Aktivitäten wie dem gemeinsamen Bierchen nach Feierabend sollten Sie ab und zu mitmachen, damit die anderen eine Chance haben, Sie als Mensch kennenzulernen.

Anders sieht es aus, wenn die Gerüchte gezielt eingesetzt werden, um das Ansehen zu schädigen. Etwa wenn völlig aus der Luft gegriffen erzählt wird, dass eine Ehe gefährdet oder ein Kollege Alkoholiker sei oder dass eine Kollegin sich ihre Position durch Hochschlafen erworben habe. Hier geht es nicht um das Schließen von Wissenslücken, sondern hier liegt eine Schädigungsabsicht vor. Dies erfordert dieselben Schritte wie bei Mobbing: Der Angegriffene sollte den anderen auffordern, seine Behauptungen öffentlich zu wiederholen. Ein Gerücht, das in der Öffentlichkeit unter Beteiligung des Angegriffenen besprochen wird, verliert in dem Moment seinen Gerüchtecharakter. Man kann sagen: Ein ans Licht gezerrtes Gerücht ist keines mehr, es verschwindet wie der Vampir bei Tagesanbruch. Wichtig ist, sich selber nicht am Kreieren oder Weitertragen von Gerüchten zu beteiligen. Wer zufällig in eine Gerüchteküche gerät, sollte den Wahrheitsgehalt schon in dem Moment anzweifeln („kann ich mir aber gar nicht vorstellen, glaube ich nicht"), um es sofort im Keim zu ersticken.

Oh Sie seelige … – Fettnäpfchen Betriebsfeier

Betriebsfeste, Jubiläen und Weihnachtsfeiern sind keineswegs eine tabufreie Zone – manch vielversprechende Karriere führte schon auf direktem Wege vom Aperitif aufs Abstellgleis. Wie kann man sich diese ernüchternde Erfahrung ersparen?

Sektempfang in der Mittagspause: Alkohol macht nicht nur die Birne hohl

Hannah M. freute sich, als sie von der kleinen Jubiläumsfeier erfuhr, die der Kollege Zimmermann angesichts seiner zehnjährigen Firmenzugehörigkeit geben wollte. In der Mittagspause gesellte sie sich zu den Kollegen. Schnell entwickelte sich ein lockeres Geplänkel, in dem die Männer sie ein wenig aufzogen, wie viel Sekt sie wohl vertrüge. Von der lockeren Stimmung angesteckt, gönnte Hannah sich ein Gläschen nach dem nächsten, während die Kollegen ihren Ehrgeiz weiter anfachten. Nach fünf Gläsern glaubte sie, den kleinen Wettstreit gewonnen und es den Männern mal so richtig gezeigt zu haben – auch wenn sie kaum noch gerade stehen und erst recht keinen Kunden vernünftig beraten konnte. Als sie wieder nüchtern war, fiel ihr auf, dass sich die Kollegen von ihr zurückzogen.

Es ist eine typische Falle, in die Hannah getappt ist. Normalerweise ist der Konsum von Alkohol im Büro strikt reglementiert. Meist gelten nur für Feierlichkeiten Ausnahmen. Darüber hinaus ist er entweder offiziell verboten oder informell durch unausgesprochene soziale Normen untersagt. „Man“ trinkt nicht im Büro. So war es auch an Hannahs Arbeitsstätte, an der es normalerweise eher formal zuging. Wenn Hannah sich von den jungen Männern flirtend provozieren ließ wie ein junges Mädchen auf dem dörflichen Schützenfest, war das auch der stark reglementierten Arbeitsumgebung zuzuschreiben. Wer immer auf eine korrekte Haltung achten muss und sich eingeengt fühlt, dessen Psyche nutzt jedes mögliche kleine Schlupfloch zum Entkommen. Alkohol ist ein riesiges Schlupfloch, aber eines mit Tücken. Zwar ist es gesellschaftlich akzeptiert, ja in manchen Kreisen sogar ein Muss, dass bei Feierlichkeiten getrunken wird – andererseits wird ein Schwips oder gar Betrunkenheit im Arbeitsleben sozial stark geächtet. Gemeinerweise gibt es keine exakten Mengenangaben, wie viel erlaubt ist, bevor das Ganze ins Negative kippt. Den Balanceakt muss jeder selbst hinbekommen. Hannah ist er offenbar nicht geglückt.

Das Beispiel zeigt, was Alkohol alles anrichten kann. Schon manche Karriere wurde durch ihn abrupt beendet. Einfach weil im falschen Moment ein verräterisches Gerücht über die Lippen des bis dahin vielversprechenden High-Potentials kam und ihn in den Augen des Chefs ins Aus katapultiert hat. Oder weil versehentlich die Bluse der aufstrebenden Jungprokuristin verrutscht ist und „so eine Person natürlich untragbar“ ist – zumindest aus Sicht der anwesenden Mitbewerber um die ausgeschriebene Position. Am einfachsten ist es, völlig auf Alkohol im Büro zu verzichten. Frauen haben es da nach meiner Beobachtung leichter. Viele sagen einfach, der Alkohol würde ihren Diäterfolg gefährden, denn man nimmt deutlich langsamer ab, wenn man Alkohol konsumiert. Von Männern erfordert es deutlich mehr Rückgrat, entgegen dem sozialen Druck den Whiskey oder den Cognac abzulehnen. Nicht jeder möchte sich als magenkrank outen, nur um nichts trinken zu müssen. Und dem Verdacht, trockener Alkoholiker zu sein, möchte man sich erst recht nicht aussetzen. Leichter ist es, wenn mehrere Kollegen zugleich den Alkohol dankend ablehnen und stattdessen zum Orangensaft greifen. Daher lohnt die Ausschau nach Verbündeten. Oder man liefert einfach die Begründung, dass man auch nach der Feier noch leistungsfähig sein möchte oder ein wichtiges Gespräch hat.

Der Morgen nach der Weihnachtsfeier – Fettnäpfe auf Firmenfesten

Für viele wackere Büroangestellte kommt alljährlich am Tag nach der Weihnachtsfeier mit dem brummenden Schädel das böse Erwachen. Wie war das doch gleich? Hatte man die Svenja aus dem Controlling tatsächlich geküsst?! Und hatte man sich wirklich mit dem Chef geduzt? War der Herr Lenzenheide tatsächlich zum Heinrich geworden? Oh du seeheliger geheldbrihingendeher Heiheinrich?! Peinlich, peinlich, wenn man sich am nächsten Morgen nicht mehr erinnern kann. 350 Tage des Jahres hat man sich richtig reingehängt. Und jetzt? Wer sich erst bei Kollegen erkundigen muss, was am Abend zuvor eigentlich gelaufen ist, kann sich beinahe nach einem neuen Job umsehen, zumindest solange sich die Ausuferungen der vergangenen Nacht auch auf den Vorgesetzten erstreckt haben. Angenommen, der Chef selber erinnert sich noch, dann ist es ihm vermutlich höchst peinlich. Und um nicht ständig an die peinlichen Szenen erinnert zu werden, wird er kurzerhand den Kontakt meiden. Was mit Mitarbeitern passiert, die vom Kontakt zum Vorgesetzten ausgeschlossen werden, braucht hier nicht wiederholt zu werden. Es geht ihnen nicht gut. Aber auch, wenn man sich einem Kollegen gegenüber danebenbenommen hat, steigt einem am Morgen danach schon mal die Schamesröte ins Gesicht.

Es ist schwierig, gesichtswahrend für beide Seiten aus der Sache herauszukommen, aber nicht völlig unmöglich. Ganz falsch: Schweigen. Bewusstseinsinhalte, an die zwei Menschen im Kontakt denken, ohne sie anzusprechen, rauben Energien und wecken den Wunsch, den Verursacher dieser Gedanken möglichst zu meiden, so wie gerade beschrieben. Daher hilft nur eines: Das Ereignis zum Thema machen, etwa mit Sätzen wie „Mannomann, da hatten wir wohl alle ganz schön einen gehoben. Ist ja aber auch normal, dass man an Weihnachten schon mal einen übern Durst trinkt“. Diese Formulierungen sind empfehlenswert, denn das „alle“ signalisiert, dass Sie beide nicht allein waren. Das entlastet schon einmal etwas. Und es beruhigt das Gegenüber dahingehend, dass die anderen ebenfalls zu betrunken waren, um sachlich über eine Szene urteilen zu können. Zweitens suggeriert die man-Formulierung den Normalitätscharakter des Geschehens. Was „man“ macht, kann nicht ganz falsch sein. Das wissen wir schon seit unserer Kindheit.

Wichtig ist, dass Sie das Thema auf diese Weise direkt im ersten Kontakt nach der Weihnachtsfeier – oder einer anderen ausgeuferten Feierlichkeit – ansprechen und nicht erst abwarten, ob das Gegenüber wohl als Erster aktiv wird. Je länger Sie warten, desto peinlicher und verkrampfter wird das Gespräch. Also mutig rein! Wenn Ihr Chef Sie am Tag nach dem Duz-Angebot plötzlich wieder siezt, sollten auch Sie wieder zum „Sie“ zurückkehren. Durch eine Bemerkung wie „wir hatten gestern wohl alle einen im Kahn“ signalisieren Sie, dass Sie sich trotzdem noch erinnern, aber ihm seinen Fauxpas nachsehen. Das ist entkrampfender, als einfach über das Gewesene hinwegzugehen, denn es kreist sonst weiterhin in den Köpfen.

In keinem Fall sollte man seinen Chef darauf festnageln, „seit gestern bin ich doch die Steffi", das wäre nur peinlich.

Benimmregeln für Firmenfeiern

- Hören Sie auf mit dem Trinken, noch bevor Sie eine Wirkung spüren.
- Bieten Sie nicht wahllos das Du an, sondern nur nach vorheriger Überlegung.
- Gehen Sie mit unterschiedlichen Kollegen in Kontakt, auch mit noch unbekannten.
- Nutzen Sie die Feierlaune nicht, um dem Chef mal die Meinung zu sagen.
- Nageln Sie den Chef nicht danach aufs Duzen fest.
- Falls doch etwas Peinliches passiert ist:
Entschuldigen Sie sich sofort am Tag danach!

Betriebsausflüge und andere Events

Eigentlich sind Betriebsausflüge eine wunderbare Angelegenheit. Man kommt sich zwanglos näher, lernt die anderen in unbekannten Situationen von ihrer menschlichen Seite kennen, und das Team wird zusammengeschweißt – das alles in einer angenehmen Atmosphäre. Im Idealfall. Leider lauern auch auf Betriebsausflügen und anderen Ereignissen, wie zum Beispiel dem Incentive-Ausflug in den Kletterwald, den Floßbau am Ufer der Müritz, Fettnäpfchen und Karrierefallen. Die größte Fehlannahme: Da kann ich mal richtig die Sau rauslassen, denn so ein Ausflug zählt ja nicht. Tut er eben doch. Auf derartigen Veranstaltungen messen manche Chefs – vor allem die, die viele Bücher lesen – die Sozialkompetenz ihrer Mitarbeiter. Wer hier durchfällt, hat später unter Umständen schlechtere Chancen, wenn es um Beförderungen geht. Wichtig ist daher, dass Sie auch im Freizeitdress eine gute Figur machen.

Es fängt beim pünktlichen Erscheinen an. Für Ihr Ansehen (auch im wahren Sinne des Wortes), aber auch für Ihr soziales Netz ist es von Vorteil, wenn Sie rechtzeitig vor Ort sind und schon den ersten Smalltalk führen können. Nutzen Sie gerade den Betriebsausflug und Feste, um auch mit Kollegen ins Gespräch zu kommen, zu denen Sie normalerweise weniger Kontakt haben. Knüpfen Sie Ihr soziales Netz in möglichst verschiedene Richtungen. Je vernetzter Sie sind, desto früher und desto mehr wichtige Informationen aus allen Bereichen des Unternehmens bekommen Sie – und sind so gegen unangenehme Überraschungen gewappnet. Betriebsfestivitäten sind keine Lizenz zum Sich-daneben-Benehmen. Schalten Sie Ihr Handy aus, damit Sie ungestört am sozialen Event teilnehmen können. Schließlich wollen Sie sich auf die Gespräche mit den Kollegen konzentrieren. Thematisch gilt: Streitigkeiten und Inhaltliches aus dem Büro sollten ebenso außen vor bleiben wie Eheprobleme oder Krankheiten. Schließlich soll es ein fröhliches Fest sein.

Wer bekommt mehr auf den Teller? Nicht nur der Alkohol, auch die Schlacht am Buffett hält auf Betriebsfeiern oder zum Abschluss von Ausflügen manches Fettnäpfchen bereit. Normalerweise ist es doch so: Schon beim Reinkommen sagt der eine oder andere, was er für einen Kohldampf mitgebracht hat, und jetzt wolle man doch mal sehen, was man der Firma so wert sei. Der Chef hält seine Begrüßungsrede, und alle anderen scharren mit den Hufen, rollen die Augen und erwarten nichts sehnlicher, als dass sie sich endlich mit fünfzig anderen aufs Buffett stürzen können. Fast könnte man denken, sie hätten seit Tagen nichts mehr zu sich genommen und extra für diesen Abend gefastet. Auch hier können Sie mit souveränem Auftreten punkten. Am leichtesten geht das, wenn Sie vor der Feier bereits eine Kleinigkeit zu sich genommen haben. So ist es Ihr Kopf, und nicht Ihr Magen, der die Regie übernimmt.

Unhungrig können Sie sich auf die Rede des Vorgesetzten aufmerksam einlassen. Glauben Sie mir, das merkt er. Ihr Zuhörverhalten ist auch keine Schleimerei, sondern Ausdruck von Respekt, schließlich hat er sich mit der Vorbereitung der Rede einige Mühe gemacht. Und wenn die anderen dann losstürmen, um Essen auf ihre Teller zu häufen, können Sie ein paar Worte mit Ihrem Chef wechseln, der in dem Moment vermutlich alleine anzutreffen ist. Und wenn der größte Andrang vorüber ist, zeigen Sie durch die bewusste Auswahl kleiner Portionen, dass Sie ein Genussmensch sind.

Der Chef – Mensch oder Monster?

Und plötzlich mit Krawatte – wenn Indianer Häuptlinge werden

„Chef zu werden ist nicht schwer, Chef zu sein dagegen sehr“. Fakt ist, dass viele im Büro ihre Schwierigkeiten mit einem Rollenwechsel haben – der Betroffene selber, aber auch seine Kollegen. Besondere Schwierigkeiten lauern, wo ein jüngerer Mensch ältere Kollegen führen soll. Hier finden Sie Tipps für diese besonderen Situationen.

Kein Chef ist schwerer zu ertragen als ein Kollege aus alten Tagen

Wie kommt es, dass an diesem Satz so oft so viel dran ist? Offenbar haben viele Menschen Probleme mit dem Rollenwechsel. Lange Zeit „normales“ Mitglied eines Teams sein und plötzlich zu dessen Vorgesetztem werden, das überfordert viele. Mit dem eigenen Büro verändert sich plötzlich auch das Erscheinungsbild. Wo früher Schlabberlook angesagt war, kommt der Ex-Kollege auf einmal mit Schlips daher. „Hab doch nachher das Meeting mit der Geschäftsleitung“, hört man dann quasi-entschuldigend. Auch die Körperhaltung ändert sich. Der Jung-Chef scheint plötzlich um fünf Zentimeter gewachsen zu sein, oder er trägt nun höhere Schuhe. Manch einer kommt sogar plötzlich mit dem „Sie“ daher. Eine junge Führungskraft wollte damit allen Ernstes sicherstellen, dass sie in ihrem bisherigen Team auch ja genug Akzeptanz erfährt. Damit müssen Sie rechnen, wenn ein bisheriger Kollege plötzlich Ihr Chef wird.

Die Überlegung, die dahintersteht, wenn die Geschäftsleitung ein Teammitglied zu dessen Leiter macht, ist eigentlich eine sympathische: Der Neuberufene kennt die Leute im Team, er trifft daher auf Akzeptanz und ermöglicht einen fließenderen Übergang vom alten zum neuen Chef. In der Theorie stimmt das auch. Nur leider hat die Geschäftsleitung dabei vergessen, dass die Vorgesetztenrolle eine grundsätzlich andere ist als die des „einfachen Mitarbeiters". Der neue Vorgesetzte sieht sich oft Neidern ausgesetzt, die sich fragen „warum nicht ich"? Eine Hundert-Tage-Schonfrist gibt es da nicht. Er wird in der Folge noch kritischer beäugt als jeder Externe. Denn jetzt vergleichen die Kollegen nicht nur den früheren Chef mit dem neuen, sondern sie fragen auch bei jeder Anordnung, ob denn der Jupp noch derselbe ist. Sie lauern regelrecht auf Hinweise darauf, dass die Position ihn eben doch gewandelt hat. Der Arme hat also gerade in der Anfangszeit alles andere als einen leichten Job.

Sie können dem neuen Chef das Leben erleichtern. Für ihn ist das Leben nämlich plötzlich auch anders. Bis gestern war er noch der gute Kumpel, heute muss er auf einmal Beurteilungen schreiben und sich quasi als Lehrer der ehemaligen Kollegen aufspielen, einfach weil das firmeninterne Beurteilungssystem das so vorsieht. Und während er früher selber über Zielvereinbarungsgespräche geklagt hat, muss er nun selbst welche führen. Wo er früher mitgelästert hat über Aktionen der Geschäftsleitung, muss er dieselben heute als innovativ verkaufen und im Team durchsetzen – bei denselben Menschen, mit denen er zuvor gemeinsam dagegen war. Das ist schwierig. Er muss seine neue Position erst finden, und zwar in mehrfacher Hinsicht: Der Geschäftsleitung gegenüber und seinem alten Team gegenüber. Gerade, wenn Sie früher ein gutes Verhältnis zueinander hatten, wünschen Sie sich vielleicht von ihm die Bestätigung „Ich bleib der Alte". Quasi als Signal dafür, dass seine neue Rolle ihm nicht zu Kopf steigt.

Machen Sie den ersten Schritt, indem genau umgekehrt Sie ihm dieses Signal geben. Ein „ich bleib der Alte" aus Ihrem Munde kann heißen, dass Sie ihn mit denselben Augen sehen wie früher, nicht mit kritischerem Blick. Wenn er weiß, er kann sich auf Ihre Unterstützung, aber auch auf Ihr negatives Feedback so verlassen wie bisher, ist das ein wichtiges Startkapital für den neuen Chef. Der fühlt sich nämlich oft allein. Wenn Sie einen besonders guten Draht haben, können Sie in Problemsituationen auch als Mittler zwischen ihm und dem restlichen Team fungieren, aber zunächst einmal sollten Sie ihn machen lassen. Sie können ihn zum Beispiel in Teamsitzungen nonverbal unterstützen. Wenn er bei der Vorstellung der Tagesordnung in lauter ausdruckslose bis skeptische Gesichter schaut, kann Ihr lächelndes Nicken eine Wohltat sein.

Besonders problematisch ist es für neue Chefs, wenn sie plötzlich Entscheidungen der Geschäftsleitung vertreten müssen, die sie vorher massiv bekämpft haben. Das geht nun nicht mehr, denn schließlich ist es eine Frage der Loyalität, die Firmenleitung zu unterstützen. Andererseits möchte man sich auch nicht verbiegen, sondern will morgen auch noch in den Spiegel schauen. Ermuntern Sie ihn, auch weiterhin offen seine Meinung zu sagen. Man kann durchaus als Führungskraft zugeben, dass man in dem einen oder anderen Fall vielleicht anders entschieden hätte als die Geschäftsleitung. Aber man kennt halt nicht alle Fakten und Hintergründe und maßt sich daher kein Urteil an. Und man hat das Vertrauen, dass die oberste Riege sich schon etwas bei der Entscheidung gedacht hat, auch wenn man sie nicht bis ins Detail nachvollziehen kann. Man kann eben nicht bei allem mitentscheiden. Aber jetzt sollten alle gemeinsam in die neue Richtung marschieren. Das kann man sagen, ohne illoyal zu sein oder auf der anderen Seite kriecherisch zu wirken. In solchen Situationen können Sie dem neuen Chef helfen, sein Gesicht zu wahren, indem Sie in Einzelgesprächen gegenüber den Kollegen darauf hinweisen, dass es immer einfacher ist, Missstände zu kritisieren als selber etwas zu beeinflussen.

So erleichtern Sie dem neuen Chef das Leben

- Signalisieren Sie: „Ich bleib der Alte" – das gibt ihm Sicherheit.
- Unterstützen Sie ihn auf Teamsitzungen nonverbal mit Nicken oder Lächeln.
- Holen Sie ihn bei Bedarf wieder auf den Boden („Hey, komm mal wieder runter").
- Werben Sie bei den anderen Kollegen um Verständnis für ihn und seine Situation.

Vorher Kollege – jetzt Chef?

Frieder H. hatte sich so auf seinen Wechsel zum Teamleiter gefreut. Er war immer schon beliebt im Team, hatte eine Fahrgemeinschaft und unternahm auch in der Freizeit häufig etwas mit Kollegen. Er hatte Spaß an seiner Arbeit und verstand sich gut mit der Geschäftsleitung. Deshalb hatte er begeistert Ja gesagt, als ihm der Teamleiterposten angetragen wurde. In seiner Vorstellung gab es da keine Probleme, die Kollegen würden ihn sicher akzeptieren, denn er nahm sich vor, ganz der Alte zu bleiben. Aber nun stand er da, nach einem Monat in der Leitungsfunktion, und fühlte sich so einsam wie noch nie. Sobald er den Raum betrat, wurde es still oder das Thema wurde offensichtlich geändert, in den Teamsitzungen erntete er zumeist skeptische Blicke, und die ehemaligen Kollegen aus der Fahrgemeinschaft verlangten, dass er ihre Interessen gegenüber der Geschäftsleitung in besonderem Maße vertrete. Bei seinem eigenen Vorgesetzten wiederum erhielt er nicht viel Unterstützung. Der ließ ihn mit einem „Sie kennen sich doch aus – machen Sie mal!" im Regen stehen. So hatte Frieder H. sich seine neue Aufgabe nicht vorgestellt.

Ein Rollenwechsel vom Kollegen zum Chef bietet ebenso Gefahren wie Chancen. Je mehr man sich damit schon im Vorfeld auseinandersetzt, desto leichter lässt sich der Übergang gestalten. Der neue Vorgesetzte sollte damit rechnen, dass Gespräche plötzlich verstummen, sobald er den Raum betritt. Auch zu gemeinsamen sportlichen Aktivitäten oder anderen Feierabend-Veranstaltungen wird er vermutlich nicht mehr eingeladen – auch wenn er ein noch so netter Chef ist und glaubt, sich selbst nicht verändert zu haben. Aber seine Rolle hat sich verändert. Und man geht nun mal in der Regel lieber mit den Kollegen zum Fußball als mit dem Vorgesetzten, selbst wenn der bis dahin ein Kollege war. Aber plötzlich entscheidet derselbe Mensch vielleicht über Beurteilungen und damit über variable Gehaltsanteile. Er bestimmt, wer wann in Urlaub gehen darf und vieles mehr. Diese Macht lässt sich nicht mit einem kumpelhaften „ich bleib der Alte" weglächeln.

Jeder Führungswechsel verändert auch das Team. Es ist also völlig normal, dass in der Anfangsphase jeder seine neue Position finden möchte und es daher Rangeleien und Unruhe gibt. Einige werden sich noch enger mit Ihnen stehen wollen und aus der Nähe vielleicht Forderungen an Sie als neuen Chef ableiten. Wichtig ist, von Beginn an Grenzen zu setzen und etwa deutlich zu machen: Ich bin genauso wenig ein Superman wie mein Vorgänger, und bei mir gibt es keine Bevorzugungen und keine Benachteiligungen. Letzteres sollten Sie unbedingt anstreben, auch wenn völlige Gleichbehandlung vermutlich eine Illusion ist. Wenn Sie in der Vergangenheit einige Kollegen gesiezt und einige geduzt haben, sollten Sie dies genau so fortführen, aber umso strenger darauf achten, dass Sie Ihre Duz-Kollegen nicht bevorzugen. Im Zweifelsfalle sollten diese ebenso wie Ihre Fahrgemeinschaften oder Fußballkumpels eher ein bisschen schlechter wegkommen als die anderen.

Rechnen Sie damit, dass man Ihnen keine Schonfrist einräumt. Und natürlich werden Sie tatsächlich Fehler machen, wie jeder andere neue Chef eben auch. Am besten gehen Sie damit möglichst offensiv um („für mich ist das auch eine neue Situation – ist doch normal, dass mir Fehler passieren"). Machen Sie auch deutlich, dass mit Ihnen als Teamleiter nicht alles anders wird, als es bisher war. Haben Sie Geduld mit sich und dem Team. Es wird eine Weile dauern, bis sich das Team in seiner neuen Konstellation eingespielt hat und alle Spielregeln befolgt werden, und auch bis Sie sich an Ihre neue Rolle gewöhnt haben, sodass sie Ihnen zur Selbstverständlichkeit geworden ist. Sie selbst sollten sich die berühmten 100 Tage Eingewöhnungszeit gönnen und diese Idee gegebenenfalls auch gegenüber den Kollegen oder dem eigenen Vorgesetzten verteidigen.

Krieg der Generationen: junger Boss und alte Hasen

„Der Alte bringt's doch nicht mehr. Der ist nicht mehr anpassungsfähig, der will nichts dazulernen, der nutzt seine Zipperlein zur Vorbereitung des frühzeitigen Ausstiegs aus dem Job." So und ähnlich lauten typische Vorurteile jüngerer Vorgesetzter über ihre älteren Kollegen. Hintergrund solcher Klischees sind zum einen die eigenen Eltern oder Großeltern, die allerdings anders gealtert sind, als es heute der Fall ist; die heutigen „Alten" sind wesentlich länger fit und rüstig als frühere Generationen. Zum anderen entstehen solche Vorurteile vor dem Hintergrund der eigenen Unsicherheit. Wenn junge Führungskräfte noch neu im Job sind, fühlen sie sich leicht verletzbar und sind höchst empfänglich für Infragestellungen ihrer Position. „Der lauert doch nur darauf, dass ich einen Fehler mache" oder „der ist neidisch, weil er's nicht zum Chef geschafft hat" sind ebenfalls häufig anzutreffende Befürchtungen frisch gebackener Vorgesetzter.

Solche Gedanken können sich aber als Stolperfalle für die jungen Chefs erweisen. Leicht entwickeln sie sich zu einer selbst erfüllenden Prophezeiung. Wer nur auf Defizite achtet, wird auch nur Defizite sehen. Er wird den erfahreneren Mitarbeitern weniger Verantwortung übertragen und sie schon gar nicht um Rat fragen – und die älteren Kollegen so unter Umständen in die innere Kündigung treiben. Denn wenn die alten Hasen merken, dass man ihnen nichts mehr zutraut und auf ihre Meinung keinen Wert legt, warum sollten sie sich dann weiterhin engagieren? Da lassen sie doch lieber den Jungspund auflaufen – genau so, wie der es befürchtet hatte. Er bekommt damit die Quittung für seine (dann ja ironischerweise bestätigten) Vorurteile.

Welchen Ausweg gibt es aus diesem Dilemma? Zunächst einmal ist gegenseitige Wertschätzung gefragt. Beide Generationen sollten begreifen, dass sie sich in einem sinnvollen Ergänzungsverhältnis befinden. Ein junger Vorgesetzter, der die älteren Mitarbeiter einbezieht und zum Ausdruck bringt, dass ihm ihre Meinung wichtig ist, hat einen leichteren Stand und wird in der Regel auch gern unterstützt – von allen Generationen.

Sinnvoll ist es außerdem, Kontinuität zu wahren statt das Rad neu zu erfinden. Natürlich sollte eine junge Führungskraft sich nicht verbiegen. Aber es ist hilfreich und vergrößert die Akzeptanz, wenn sie darauf hinweist, welche Dinge unverändert fortbestehen. Die Befürchtungen, dass bei neuen Besen alles anders wird, ist sonst in vielen Köpfen langgedienter Kollegen ein Hemmschuh für Veränderungen.

1, 2 oder 3? Der Chef muss entscheiden, ein Posten ist frei

Auf dem Weg nach oben gehen manche über Leichen. Andere kriechen und schleimen, was das Zeug hält. Dabei gibt es auch Möglichkeiten, sich ins rechte Licht zu rücken, ohne sich anzubiedern.

Gut geschleimt, Schneckchen! Wenn Kollegen auf lieb Kind machen

Es gibt sie wohl in jedem Büro der Welt: Menschen, die katzbuckeln, sobald der Vorgesetzte den Raum betritt. Kollegen, die unkritisch zustimmend nicken und ein Feuer der Begeisterung in den Augen haben, egal welche Entscheidung der Geschäftsleitung gerade verkündet wird. Leute, die dreimal täglich dem Chef bescheinigen, wie toll er doch ist. Was manch einem redlich bescheidenen Schreibtischhelden die Schamesröte ins Gesicht treiben würde, ist für diese Kollegen zur zweiten Natur geworden. Warum verhalten Menschen sich so? Offenbar versprechen sie sich davon etwas für ihre eigene Karriere. Der Kollege hat völlig richtig erkannt: Karriere macht man selten allein durch Fachkompetenz und gute Leistung. Aber diesbezüglich kann man allen Nicht-Kriechern Entwarnung geben: So förderlich ein gutes Verhältnis zum Chef auch sein mag, Schleimer können es in einer Firma nur dann zu etwas bringen, wenn ihr Vorgesetzter auf das Kriechverhalten abfährt. Und dann ist fraglich, ob er seinen täglichen Beifallsgaranten tatsächlich groß werden lässt durch Beförderung.

Wie Sie sich gegenüber Kriechern verhalten sollten? Zunächst einmal sollten Sie Ihre innere Einstellung überprüfen. Ist wirklich der schleimende Kollege das Problem – oder nicht vielmehr der schwache Vorgesetzte, dem die Anbiederei offenbar guttut? Meist ärgert man sich ja nur deshalb über die kriechenden Kollegen, weil man fürchtet, dass sie durch ihr Verhalten Karrierevorteile erwirken. Wenn Sie sich ein Magengeschwür ärgern angesichts des Schleimverhaltens, hilft Ihnen das nicht weiter. Ihnen geht es nicht gut, und am Problem ändert sich dadurch nichts. In vielen Fällen ist Mitleid die angemessene Haltung gegenüber Menschen, die offenbar süchtig sind nach der Anerkennung durch andere. Wenn Sie sich dieses dahinterstehende Motiv vor Augen führen, können Sie es für Ihre Zwecke nutzen. Sie sollen nun nicht Ihrerseits rumschleimen, aber zum Beispiel den Aufmerksamkeit suchenden Kollegen um Rat fragen. So fühlt der sich vielleicht geschmeichelt und entdeckt Sie als weitere Quelle für Anerkennung. Pech für Sie, wenn er danach nicht mehr von Ihrer Seite weicht.

Der Kampf um die Stelle: sich selbst ins rechte Licht rücken

Kaum ist eine Stelle intern ausgeschrieben worden, so kann man die seltsamsten Veränderungen an bislang eigentlich vertrauten Kollegen beobachten. Plötzlich wird aufs Äußere geachtet, werden Sicherheitsvorschriften eingehalten, wird beim Vorgesetzten Feedback eingeholt für die kleinsten Mini-Aufträge nach dem Motto „Chef, hab ich die Briefmarke nicht schön im rechten Winkel aufgeklebt?" Und es sind vermehrt Sprüche zu hören wie: „Die Idee war aber von mir". Man fühlt sich von einer Horde Katzbucklern und Ellenbogeneinsetzern umgeben, weil jeder hofft, durch sein Verhalten auf sich aufmerksam zu machen und sich damit für die neue Position zu qualifizieren. Natürlich muss man sich beim Kampf um eine freie Stelle ins rechte Licht rücken. Aber das kann auch mit fairen Mitteln vonstattengehen. So wichtig die Leistung auch ist, erfreulicherweise berücksichtigen die meisten Chefs inzwischen auch stark die Sozialkompetenz von Bewerbern.

Im Grunde ist es wie bei einer Bewerbung um eine Stelle in einem fremden Unternehmen oder wie beim Ringen eines Selbständigen um einen Auftrag: Man muss die Zielgruppe (Chef) kennenlernen und sich überlegen, welches zentrale Bedürfnis dieser Zielgruppe man optimal befriedigen kann. Dabei ist Fachkompetenz unverzichtbar, Gleiches gilt aber auch für die Sozialkompetenz. Vielleicht können Sie ihn in Stresssituationen besonders gut beruhigen? Oder Sie demonstrieren bei Konflikten im Team, dass Sie ausgleichend tätig werden und unterschiedliche Interessen vereinen können. Das wird Ihren Chef mehr beeindrucken als ein in Ellenbogenmanier vorgetragener Vorschlag für einen neuen Vertriebsweg.

In erster Linie wollen Vorgesetzte nämlich möglichst eines: Natürlich gute Zahlen, direkt danach aber ihre Ruhe. Stressbewältiger sind immer gern gesehen. Wer für Frieden oder womöglich für seine Entlastung sorgen kann, sammelt Punkte, weil der Chef denkt: „Wenn ich den zum Leiter mache, können wir alle in Ruhe unserem eigentlichen Geschäft nachgehen; der verursacht weder Konflikte noch Nebenschauplätze; der hat die Leute im Griff, den nehme ich.“ Die Fähigkeit zum Ausgleich ist ein wichtiges Pfund, mit dem Sie wuchern können. Vor allem, wenn Ihr Chef selber nicht der Stärkste ist, ist er auf diese Fähigkeit bei seinen untergebenen Führungskräften angewiesen.

Daneben gilt natürlich – wie schon im Kapitel „Ob du da bis oder nicht: Hauptsache, bei dir brennt Licht!“ deutlich wurde – das wichtigste Motto des Marketings: Tue Gutes und rede darüber. Machen Sie auf Ihre Vorzüge im Leistungsbereich aufmerksam, ohne zu protzen, zum Beispiel indem Sie positive Zitate von Kunden oder Kollegen anderer Abteilungen über Ihre Arbeit anbringen. Das gilt einerseits für Ihre schriftliche Bewerbung, andererseits können Sie ruhig auch mündlich humorvoll Anspielungen auf die aktuelle Bewerbungssituation machen, wie etwa: „Wo wir im Team derzeit alle unsere Tänzchen aufführen, möchte ich auch meinen Hut in den Ring werfen. Also ich habe hier das folgende Zitat des Kollegen XY über mich zu bieten ...“ Versuchen Sie nach Möglichkeit, unverkrampft und ohne die Haltung „ich bin aber besser“ in den Ring zu steigen. Wenn Sie Ihre feste innere Überzeugung haben „ich bin gut“, werden Sie die auch ausstrahlen und brauchen sich nicht auf Hakeleien mit Kollegen einzulassen. So bleiben Sie in Konkurrenzsituationen innerlich wie äußerlich souverän.

Wie Sie sich beim Chef beliebt machen, ohne sich anzubiedern

- Lernen Sie ihn möglichst genau kennen (Vorlieben, Stimmungen)!
- Werden Sie zu seinem wichtigsten Dienstleister!
- Schlagen Sie unaufdringlich Möglichkeiten für seine Entlastung vor!
- Beruhigen Sie ihn verbal, wenn er im Stress ist!

Cheffes Liebling – gefährliche Nähe zum Vorgesetzten

Vielleicht spielen Sie mit dem Chef in derselben Handballmannschaft, vielleicht haben Sie eine Fahrgemeinschaft oder Ihre Frauen kennen sich von der Gemeindearbeit. Sie kennen also Ihren Vorgesetzten persönlich, zumindest haben Sie mehr Informationen über ihn als die meisten anderen. Aus diesem Umstand, der auf den ersten Blick positiv aussieht, können sich für Sie beide unangenehme Situationen entwickeln. Kollegen sind schnell mit Urteilen bei der Hand wie „der Maier wird bevorzugt, bloß weil er mit dem Chef in die Sauna geht". Offen sagen wird das zwar kaum jemand, aber Sie sollten sich darüber im Klaren sein, dass derartige Gedanken hinter Ihrem Rücken ausgetauscht werden. Sie bzw. Ihr Vorgesetzter stehen unter besonderer Beobachtung. Und im Normalfall macht man sich keine Freunde im Team, wenn man private Kontakte zum Chef pflegt. Wer sich nicht zwischenmenschlich ins Aus katapultieren möchte, sollte nicht bewusst darauf drängen, den Kontakt zum Vorgesetzten zu vertiefen. Man wird sonst zu schnell als Schleimer bezeichnet.

Was aber bei bestehenden Kontakten? Wie sollten Sie damit umgehen, wenn Sie Ihren Chef näher kennen, aus anderen Kontexten oder früheren Führungsbeziehungen? Solche Sonderrollen innerhalb eines Teams sind schwierig für beide

Seiten. Ihr Vorgesetzter möchte sich keinesfalls dem Verdacht des Protektionismus aussetzen. Rechnen Sie daher damit, dass er Sie eher schlechter beurteilen und Ihre Wünsche nachrangig behandeln wird im Vergleich zu denen Ihrer Kollegen. Vielleicht sind Sie sogar der Einzige, mit dem er sich duzt. In diesem Falle sollten Sie zum Beispiel in Teamsitzungen die direkte Anrede vermeiden und stattdessen die normalerweise unüblichen man-Formulierungen verwenden („vielleicht sollte man Folgendes tun“ statt „mach doch bitte das und das“). Damit erleichtern Sie Ihrem Chef seinen Job und stoßen die Kollegen nicht bei jeder Gelegenheit darauf, dass sie beide besser miteinander bekannt sind. Achten Sie darauf, kein Kapital aus der besonderen Nähe zum Vorgesetzten zu schlagen, indem Sie ihn für Ihre Interessen einspannen. Das scheint zwar naheliegend, sorgt aber für viel böses Blut und kann den Teamfrieden gefährden.

Manchmal kann es die Position dessen, der dem Chef nahesteht, stärken, wenn er es wagt, den Vorgesetzten zum Beispiel in einer Teamsitzung zu kritisieren. Dann erfüllt er eine wichtige Aufgabe im Dienste des Teams, das heißt er nutzt seinen Sonderstatus zum Wohle aller: Gerade weil er mit dem Chef näher vertraut ist, kann er auch leichter negatives Feedback geben, ohne dass der Groll des Vorgesetzten das ganze Team trifft. Das wird in der Regel mit Respekt bedacht. Dabei sollte es sich aber nicht um ein abgekartetes, also vorher abgesprochenes Spiel handeln, sondern um echte Kritik. Auch unter vier Augen können Sie das Beste aus Ihrer Position machen, indem Sie Ihrem Vorgesetzten Feedback geben – vielleicht sind Sie der Einzige, der ihm überhaupt Rückmeldung gibt. So werden Sie in Ihrer Vermittlerfunktion zwischen Team und Chef quasi zur unsichtbaren Stütze für alle.

Häufiger als gedacht gibt es auch eine andere Situation in deutschen Büros: ungewollte Nähe. Plötzlich sind Sie Cheffes

Liebling, ohne dass Sie das eigentlich wollten. Sie bekommen jede Menge spannender Aufträge und werden mit anerkennenden Worten überhäuft? Bringen Sie die anderen mit ins Spiel, indem Sie Kollegen hinzuziehen und Aufgaben gemeinsam erledigen, dann geht auch der Ruhm an Sie beide und Sie zeigen sich als Teamplayer. Danken Sie zum Beispiel allen an einem Auftrag Beteiligten, so ernten Sie den Respekt der Kollegen. Den sollten Sie in keinem Fall verlieren, denn in der Regel wechseln eher die Chefs als die Kollegen. Sie müssen also wahrscheinlich länger mit den jetzigen Kollegen als mit dem jetzigen Vorgesetzten zusammenarbeiten, weshalb Ihre soziale Position im Team wichtiger ist als die vielleicht von Launen abhängige Favoritenrolle beim aktuellen Chef. Man sollte sich daher nicht mit den tollen Aufträgen an seinen Arbeitsplatz zurückziehen, sondern im Falle einer Bevorzugung noch intensiver als vorher mit den Kollegen kommunizieren.

Der demokratische Führungsstil: Bei mir kann jeder machen, was ich will

Selbstverliebte Chefs können einem das Leben im Büro ganz schön vermiesen. Zum Glück gibt es einige Tipps, die den Umgang – auch mit schwierigen Vorgesetzten – erleichtern können.

Unsere Erfolge habe ich gut hinbekommen oder: le Team, c'est moi

Es ist ja sehr schön, wenn ein Vorgesetzter sich mit den Leistungen seines Teams identifiziert. Das spricht für das Betriebsklima und stärkt das Zusammengehörigkeitsgefühl. Schade aber, dass dieses Phänomen besonders häufig im Zusammenhang mit Erfolgen und bahnbrechenden neuen Ideen auftritt, seltener aber bei Schlappen – die muss das Team bzw. der einzelne Mitarbeiter häufig allein ausbaden. Da wird Verantwortung gern abgeschoben, obwohl jeder Vorgesetzte schon im ersten Führungsseminar lernt: Erfolge sind Teamerfolge, Misserfolge sind Misserfolge des Chefs. Mit anderen Worten, ein guter Chef verkauft Fehler als die eigenen und Erfolge als Erfolge der Gruppe. Aber selten klaffen Theorie und Praxis so weit auseinander. Wohl jeder kennt Vorgesetzte, die sich mit den Ideen ihrer Mitarbeiter schmücken. Was an Universitäten gang und gäbe ist, findet sich genauso auch in Büros.

Sitzt ein Chef überm Kreuzworträtsel.
Weltmacht mit drei Buchstaben? ICH!

Dieser Witz, der kürzlich in Mitarbeiterzeitschriften kursierte, kommt nicht aus dem Nichts. Viele Chefs scheinen zu glauben, dass die Welt sich nur um sie dreht. Kein Wunder eigentlich. Schließlich sind sie meistenteils von Menschen umgeben, die es im Unternehmen noch zu etwas bringen wollen und für die Anbiedern die Hauptbetätigung darstellt. Folglich leiden Vorgesetzte unter chronischem Feedbackmangel. Wer traut sich schon, seinen Chef zu kritisieren?! Und alles, was nicht kritisiert wird, wird eben dadurch bestätigt, so lautet eine psychologische Grundregel. Hinzu kommt die feste Überzeugung manches Vorgesetzten „ich muss schon gut sein – wie hätte ich es sonst auf diesen Stuhl geschafft?!“ Wer an diesem Feedbackmangel etwas ändern möchte, braucht ein starkes Rückgrat und je nach Chef eine Prise oder eine ordentliche Ladung Mut. Aber der Einsatz kann sich lohnen.

Sie fragen sich, wie Sie Ihrem Chef seinen Egozentrismus abgewöhnen können? Dazu müssen Sie ihn vom Nutzen der Partizipation überzeugen. Viele Vorgesetzte haben vergessen, dass ihre Mitarbeiter denkende Wesen sind, die ihnen manches an Erfahrung oder Wissen voraus haben. Daraus ist nicht nur den Chefs ein Vorwurf zu machen. Wohl jeder kennt auch Kollegen, bei denen man den Eindruck hat: Die geben ihr Hirn morgens an der Garderobe ab und schalten um auf Befehlsempfang, vermutlich weil sie damit in den letzten Jahren am besten gefahren sind. Wie können sie also ahnen, dass ihr Verstand noch gebraucht wird. Es wäre doch schön und im Sinne aller, wenn man die Kollegen ermuntern und zugleich den Chef zum Einbeziehen der Mitarbeiter bewegen könnte.

Die Wege, wie man Vorgesetzte hierfür gewinnt, sind unterschiedlich. Eine Argumentation in Richtung des Vorgesetzten könnte etwa lauten: Delegieren entlastet ihn – wichtig gerade im Stress. Soll er doch einfach mal probieren, welche Resultate das Übertragen von Verantwortung zeitigt. Zur alten Vorgehensweise des simplen Anordnens kann er ja immer noch zurückkehren. Allerdings muss das Delegieren in stressfreien Zeiten erprobt werden, damit es unter Stress auch tatsächlich gut funktioniert. Manch ein Chef hat sich auch durch das Betriebliche Vorschlagswesen davon überzeugen lassen, dass seine Mitarbeiter keine tote Masse sind. Und wieder andere haben ihre Abhängigkeit vom Team erst in dem Moment bemerkt, als es komplett in Streik trat – schön, wenn ein Vorgesetzter früher die Kurve kriegt.

Am Allerheiligsten rühren: Kritik am Chef

Hand aufs Herz, wie oft haben Sie sich schon gefragt: Warum lasse ich mir das eigentlich von ihm gefallen? Vielleicht tröstet es Sie, wenn Sie hören, dass Sie damit nicht allein sind. Die meisten Menschen tun sich schwer, ihren Vorgesetzten zu kritisieren. Zum einen, weil sie aufgewachsen sind mit einem deutlichen „das tut man nicht“, zum anderen, weil sie negative Folgen für die eigene Karriere fürchten. Es kann Sie entlasten, wenn Sie sich vor Augen halten, dass Vorgesetzte nur sehr selten offenes Feedback bekommen. Viele Menschen sind ängstlich darauf bedacht, sich beim Vorgesetzten anzubiedern und ihm nur ja nicht auf die Füße zu treten. Ein guter

Chef weiß, dass es Sie Mut kostet, ihn zu kritisieren, und er nimmt respektvoll vorgetragene Kritik auch an. Probleme ergeben sich eigentlich immer nur, wenn der Vorgesetzte ein extrem geringes Selbstbewusstsein hat, und vor allem wenn die Kritik emotional-beleidigend vorgetragen wird.

Wie Sie Kritik an Ihrem Chef üben können

- Suchen Sie stets das Gespräch unter vier Augen!
- Äußern Sie sich nie spontan, sondern immer mit etwas Distanz, ruhig und unaufgeregt!
- Holen Sie die Pro-forma-Erlaubnis Ihres Chefs ein („Gestatten Sie ein offenes Wort")!
- Üben Sie Kritik immer so, dass Ihr Chef sein Gesicht wahren kann!
- Verfallen Sie nicht in Verallgemeinerungen („immer", „nie"), sondern äußern Sie stets konkrete Kritik am Einzelfall!
- Gehen Sie nicht destruktiv („Das geht so nicht"), sondern lösungsorientiert („So könnte das gehen") vor!
- Denken Sie daran, dass das Verhältnis zwischen Lob und Kritik mindestens 3:1 betragen sollte!

Lassen Sie sich von der Wirkung Ihres Feedbacks überraschen. Vielleicht sagt er ja sogar: „Danke für den Hinweis!" Aber selbst wenn die Reaktion weniger positiv ausfallen sollte, macht es Sinn, dass Sie Ihre Kritik vortragen. Einerseits ist es eine Frage des Selbstwertgefühls, wie viel man mit sich machen lässt. Und es kann befriedigend sein, wenn man sich sagt, dass man Widerstand geleistet hat, um morgen auch noch in den Spiegel schauen zu können. Zum anderen sollten Sie auch im Sinne Ihrer Gesundheit den Ärger nicht in sich hineinfressen. Schließlich sind es Ihr Blutdruck und Ihr Magen, die leiden, wenn Sie sich ärgern, nicht die Ihres Chefs. Übrigens kann es durchaus karriereförderlich sein, seinem Herzen Luft zu machen, wie das folgende Beispiel zeigt.

Charlotte K. erhält den Auftrag, ein neues Vertriebskonzept zu entwickeln. Als sie ihre Ideen dem Chef präsentiert, zerreißt der das Konzept in der Luft und meint schon nach einem kurzen Überfliegen: „Das funktioniert garantiert nicht. Schade ums Papier!" Jede Otto-Normal-Mitarbeiterin hätte sich daraufhin vermutlich beleidigt zurückgezogen und wäre in die innere Kündigung gegangen. Nicht so Charlotte. Nachdem sie bei einer Kollegin Dampf abgelassen hat, geht sie am nächsten Morgen erneut ins Büro und gibt ihm ein klares Führungsfeedback: „Wissen Sie eigentlich, wie ich mich gefühlt habe?! Wie ein kleines Kind. Abgekanzelt. Sollte mich das etwa motivieren?!" Fast zu ihrer eigenen Überraschung entschuldigt sich ihr Chef. Und mehr noch: Er bedankt sich sogar für das Feedback.

Der Vorfall liegt inzwischen einige Jahre zurück. Charlotte arbeitet weiterhin für ihren Chef, der sie sehr schätzt, weil er von ihr ehrliche Rückmeldungen bekommt. Er weiß: Charlotte würde nie hinter seinem Rücken über ihn lästern, sie ist eine ehrliche Haut. Dass er sich auf sie verlassen kann, zeigt sich auch darin, dass er ihr zunehmend verantwortungsvollere Aufgaben übertragen hat.

„Sie wollen doch sicher auch, dass Ihr Vertrag verlängert wird" Bossing und andere Machtspiele

Leider gibt es auch andere Chefs als den von Charlotte. Manch ein Vorgesetzter rächt sich anscheinend an seinen Mitarbeitern für das, was er selbst in früheren Jahren durch seine Chefs erlitten hat. Da wird unter Druck gesetzt, öffentlich herabgesetzt, erpresst, sich lustig gemacht, extrem engmaschig kontrolliert bis hin zum „Sie haben sich bei mir abzumelden, bevor Sie das WC aufsuchen". Befugnisse werden entzogen, das Arbeitspensum drastisch erhöht, Informationen nicht weiter gegeben. Die Erscheinungsformen von Bossing – quasi Mobbing durch den Chef – sind vielgestaltig. Völlig zu Recht fühlen sich die Beschäftigten schlecht behandelt. Viele reagieren auch mit gesundheitlichen Folgeschäden. Manchmal ist die Ursache einfach Langeweile oder Frustration des Vorgesetzten. Oder er ist unsicher oder weist eine neurotische Störung auf. In den meisten Fällen will der Chef sich aber auch „nur“ in seiner Position absichern, die er gefährdet glaubt durch Infragestellungen oder Kritik von als stark empfundenen Mitarbeitern. Das gilt insbesondere für unsichere junge Vorgesetzte, denen ihre Rolle noch fremd ist, und natürlich für Führungskräfte mit schwachem Selbstwertgefühl.

Wichtig ist: Verhindern Sie, dass Sie zum Knecht des Chefs werden. Sie sind nicht sein Fußabtreter und nicht sein Mädchen für alles. Gegen Machtmissbrauch müssen Sie sich so früh wie möglich zur Wehr setzen, bevor sich destruktive Strukturen in Ihrer Beziehung zum Chef etablieren. Im Grunde gelten hier dieselben Empfehlungen wie beim Mobbing durch Kollegen auf gleicher Ebene. Im ersten Schritt sollten Sie das Vieraugengespräch mit dem Chef suchen. Vorwürfe wie „Sie bossen mich“ sollten Sie unterlassen und stattdessen darlegen, was ein bestimmtes Verhalten Ihres Vorgesetzten in Ihnen ausgelöst hat und welches Verhalten Sie sich stattdessen von ihm wünschen. Sofern er sein Verhalten daraufhin nicht ändert oder sich gar über Sie lustig macht, gehen Sie über zu Schritt zwei: Sammeln Sie Fakten, notieren Sie Beobachtungen und Vorfälle, und dokumentieren Sie so Handlungen, die Ihnen schaden sollten. Suchen Sie sich Verbündete, zum Beispiel Kollegen oder – in Schritt drei – auch den Betriebsrat. Letztlich gibt es auch rechtliche Beschränkungen, die deutlich machen: Der Chef darf nicht alles.

Rechtliche Schritte zur Lösung machen den Betroffenen aber nur selten wirklich glücklich. Meist steht ohnehin Aussage gegen Aussage. Sinnvoller sind daher Maßnahmen zur

Rechtliches zum Thema Bossing

Es gibt im Grunde keine eindeutigen Kriterien dafür, wann Bossing durch den Arbeitgeber vorliegt. Bei den Fällen, die vor Gericht verhandelt wurden, handelt es sich um Einzelfälle. Fest steht aber: Das Schikanieren oder Herunterputzen des Vorgesetzten darf keine Systematik haben. Dass die Lautstärke des Chefs bisweilen über der der Mitarbeiter liegt, stellt dagegen noch kein Bossing dar. Der Arbeitgeber darf niemanden diskriminieren aufgrund von Rasse, Alter, Herkunft, Weltanschauung, Religion, Behinderung oder sexueller Orientierung. Das besagt das Allgemeine Gleichbehandlungsgesetz. Außerdem gilt: Der Vorgesetzte hat zwar ein Weisungsrecht, aber eben auch eine Fürsorgepflicht. Er ist also verpflichtet, den Arbeitnehmer vor Schaden zu bewahren und seine Gesundheit zu schützen. Eine Missachtung der Fürsorgepflicht kann Schadensersatzansprüche des Arbeitnehmers nach sich ziehen.

Prävention. Das heißt insbesondere, frühzeitig ins Gespräch gehen, Konfliktpotenziale ansprechen und sich selbst stabilisieren.

Nicht geschimpft ist genug gelobt – Anerkennungsgeiz und seine Folgen

Bekommen Sie so viel Lob, wie Sie verdienen? Vermutlich nicht, denn Anerkennungsmangel – man spricht auch von der „deutschen Krankheit“ – ist das am meisten verbreitete Manko von Vorgesetzten, branchen- und hierarchiestufen-übergreifend. Woran liegt das und wie gehen Sie damit um?

Und wer lobt mich?! Warum Chefs anerkennungsgeizig sind

Egal in welchem Büro man sich nach dem Befinden der Beschäftigten erkundigt, eine Klage ist überall dieselbe: Wir bekommen zu wenig Lob und Anerkennung; unser Chef achtet immer nur auf die zwei Prozent Leistung, die schiefgegangen sind, die anderen 98 Prozent ignoriert er. Deutsche Büros scheinen ein Anerkennungsnotstandsgebiet zu sein. Eher wird Schalke Meister, als dass ein Vorgesetzter positives Feedback spendet. Darüber könnten Sie sich zu Recht aufregen. Aber es nützt Ihnen mehr, sich in Ihren Vorgesetzten hineinzuversetzen und Gründe für sein Verhalten zu suchen, um ihn besser zu verstehen. Zunächst einmal leiden Chefs ihrerseits unter Anerkennungsmangel. Auch die Geschäftsleitung ist sicher nicht großzügig mit lobenden Worten. Feedback ist – wenn es überhaupt welches gibt – in den meisten Betrieben negativer Natur. Einige Vorgesetzte fassen ihren Frust darüber in Worte: Wer lobt denn mich? – Sogar zu Hause ernte ich nach langen Arbeitstagen nur Kritik und muss mir anhören: was kommst du denn so spät? Aus dem Umstand, dass sie selbst kaum Anerkennung hören, schlussfolgern viele, dass sie ihrerseits auch kein Lob auszusprechen brauchen.

Hinzu kommen Befürchtungen wie: Dann legt der doch die Hände in den Schoß. Dann will der ein noch höheres Gehalt. Dann wird der überheblich. Dass sie selbst weder faul noch fordernd noch überheblich werden, wenn sie echte Anerkennung spüren, blenden sie bei solchen Überlegungen aus. Manche ziehen sich auch zurück auf die Behauptung: Dafür wird der doch bezahlt. Stimmt. Aber leider vergessen sie dabei, dass auch sie selbst ab und zu Worte des Lobes hören wollen, obwohl sie für ihre Leistung ebenfalls eine monatliche Entlohnung erhalten. Nicht zuletzt fürchten einige Vorgesetzte, man könnte sich über sie lustig machen nach dem Motto: Oh, er war wohl wieder auf einem Seminar – er lobt wieder. Dabei tritt dieser Grinseffekt nur ein, wenn das Verhalten aufgesetzt wirkt. Als Mitarbeiter darf man nicht vergessen: Der Vorgesetzte ist verantwortlich für viele Beschäftigte. Wenn er jedem einmal pro Woche ein Lob spendet, kommt er vielleicht auf zwanzig Anerkennungen. Das ist subjektiv betrachtet ziemlich viel. Beim einzelnen Mitarbeiter kommt aber nur ein einziges Lob pro Woche an. Und das kann subjektiv betrachtet ziemlich wenig sein.

Sie können Ihrem Chef das Loben erleichtern. Zunächst einmal sollten Sie zur Förderung der Anerkennungskultur ihn hin und wieder loben. Natürlich ohne sich einzuschleimen. Aber Sie können sich beispielsweise bedanken für eine frühzeitig gegebene Information. Damit streicheln Sie quasi seine Seele. Wenn er gut gestimmt ist, erleichtert Ihnen das Ihre eigentliche Strategie: Holen Sie sich Ihre Lorbeeren selber ab! Bitten Sie Ihren Vorgesetzten zum Beispiel um ein Feedback zu einer konkreten Leistung, die Sie soeben erbracht haben. Fragen Sie ihn also, was er davon hält. Natürlich nicht täglich, aber jedes Mal, wenn Sie finden, dass Sie eigentlich ein Lob verdient hätten. Und nehmen Sie ihn dann auch beim Wort, statt seine Mimik zu interpretieren. Ein Chef, der sagt „gut gemacht", meint das auch so. Erwarten Sie nicht, dass er Sie dabei freudig anlächelt, sich also seine Anerkennung auch in seinem Gesicht widerspiegelt. Die meisten Vorgesetzten sind leider eher sparsam, was emotionalen Ausdruck angeht. Geben Sie sich also mit Verbaläußerungen zufrieden.

Dem Chef das Loben erleichtern

- ➜ Loben Sie ihn!
- ➜ Fragen Sie lächelnd: „und?!"
- ➜ Fragen Sie ihn nach seiner Einschätzung für eine konkrete Leistung!
- ➜ Kleben Sie ihm einen Zettel auf eine Akte: „gut?"
- ➜ Fragen Sie bei Erfolgen: „Sind wir nicht ein tolles Team?"

Aufgrund der weiten Verbreitung des Anerkennungsgeizes sollten Sie ausbleibendes Lob nicht persönlich nehmen. Es wäre auch nicht gut für Ihr Selbstwertgefühl, wenn Sie ausbleibendes Lob auf sich beziehen. Am Ende zweifeln Sie dann womöglich noch an sich selbst. Das würde sich negativ auf Ihre Leistung auswirken. Vom persönlichen Wohlbefinden ganz zu schweigen. Sinnvoller ist also, Sie lernen gleich, ohne anerkennende Worte Ihres Vorgesetzten auszukommen.

Es geht auch ohne ... Klarkommen mit dem Nie-Lober-Chef

Wie geht das, sich unabhängig machen von der Anerkennung des Chefs? Zunächst einmal können Sie seinen Anerkennungsgeiz auch für sich nutzen. Wenn er der Meinung ist, dass er nur dann Feedback gibt, wenn etwas schiefgegangen ist, so bedeutet dies im Umkehrschluss: Solange er nichts sagt, ist alles in Ordnung und Ihre Leistung bestens. Zweitens gibt es neben dem Vorgesetzten zum Glück weitere Quellen für Lob und Wertschätzung im Beruf. Manchmal sind es die Kunden, die positive Rückmeldung geben. Darüber können Sie übrigens auch den Chef in Kenntnis setzen. Und Sie können sich – ebenso wie beim Vorgesetzten – auch beim Kunden Ihre Lorbeeren selber abholen, indem Sie sie um eine Einschätzung Ihrer Leistung bitten. Außerdem gibt es die Kollegen. Auch die haben vielleicht ab und zu ein anerkennendes Wort für Sie übrig. Dies gilt umso mehr, je öfter Sie selbst es auch ansprechen, wenn Ihnen etwas positiv aufgefallen ist.

Wichtig ist, eine innere Souveränität zu gewinnen. Sie wissen selber, dass Sie gut sind. Sie erhalten schließlich Rückmeldung von Kunden und Kollegen. Und auch im Privatleben bieten sich viele Quellen für positive Äußerungen zu Ihrer Person und Ihrem Verhalten. Wer unabhängig werden möchte vom Lob des Chefs, der muss sich in einem ersten Schritt selber Anerkennung aussprechen. Zum Beispiel indem er sich täglich abends vor dem Zubettgehen fragt, was er heute gut gemacht hat. Worauf er stolz ist. Wofür er dankbar ist. Solcherart positive innere Monologe wollen geübt sein, bis sie zur selbstverständlichen Gewohnheit werden. Dann aber strahlt man die Zufriedenheit mit sich selbst auch aus – ohne hochnäsig zu wirken – und macht es dem Gegenüber leichter, seinerseits ein Wort der Anerkennung auszusprechen. Sie sollten also dafür sorgen, dass Sie auch in anderen Lebensbereichen Erfolge erzielen, die Ihnen wichtig sind.

Vorsicht vor dem Mitarbeiter des Monats!

In manchen Betrieben hat man erkannt, dass Mitarbeiter Anerkennung brauchen, um weiterhin engagiert ihren Job zu machen, und dass auf der anderen Seite die Chefs eher Anerkennungsgeizhälse sind. Um die Beschäftigten dennoch bei der Stange zu halten, hat man eine Einrichtung eingeführt, die dem Vorgesetzten das Loben quasi abnimmt: Die Wahl zum Mitarbeiter des Monats. Hierbei handelt es sich um die institutionalisierte Kür eines Beschäftigten zum Vorbild für andere. Die Kriterien hierfür sind ebenso vielgestaltig wie die Gesichter der Mitarbeiter: Die größten Umsätze, die meisten Calls, die wenigsten Fehltage, die meisten zurückgewonnenen Kunden oder auch nur die meiste Sympathie auf Seiten des Chefs. Oder aber es wird ein Kollege gewählt, der „auch mal dran“ sein musste. Häufig wird das Konterfei des Auserwählten in den Eingangsbereich gehängt, um seinen Bekanntheitsgrad zu steigern und ihn auch den Kunden zu präsentieren. Bisweilen findet es sich allerdings auch auf dem Weg zu den Waschräumen. Das schränkt den Wert der öffentlichen Anerkennung erheblich ein.

Überhaupt sind Auszeichnungen nicht immer positiv. Was auf den ersten Blick nach öffentlicher Anerkennung im Dienste der Firma und des einzelnen aussieht, birgt die Gefahr der sozialen Ausgrenzung. Von „Cheffes Liebling“ bis zum „Streber der Nation“ gehen die Titel, die unter Kollegen kursieren.

Aktionen wie der „Mitarbeiter des Monats" sollen das Zugehörigkeitsgefühl zum Unternehmen stärken (neudeutsch: Commitment) und damit die Leistung steigern. Der Schuss kann aber gehörig nach hinten losgehen. Es ist nicht jedermanns Sache, sein Bild derart zur Schau gestellt zu sehen. Manche Menschen sind von Natur aus scheu, was ihre Präsentation in der Öffentlichkeit angeht. Diesen Kollegen tut man keinen Gefallen, wenn man sie nach amerikanischer Manier öffentlich präsentiert. Es kann passieren, dass die Betroffenen fortan ihre Leistung erheblich einschränken, nur um sich nicht wieder öffentlich zur Schau stellen zu müssen.

Den meisten Menschen, ob introvertiert oder nicht, sind erfahrungsgemäß persönlich gehaltene Worte von Lob und Anerkennung aus dem Munde des Vorgesetzten lieber (und in der Folge leistungsfördernder) als jedes noch so große Foto mit nettem Sprüchlein darauf. Wenn es Ihnen passiert, dass Sie sich eines Morgens groß in der Eingangshalle abgebildet sehen und der Chef eine Lobrede auf Sie schwingt, sollten Sie das Beste daraus machen. Sofern vorgesehen ist, dass Sie selbst auch einige Worte sagen, können Sie sich beispielsweise lobend über die Kollegen äußern, die Sie unterstützt haben und ohne die Ihre Leistung nicht zustande gekommen wäre. Oder Sie danken für die angenehme Atmosphäre, die Ihre Erfolge erst möglich gemacht hat, sodass es sich letztlich um gemeinsame Erfolge handelt. So signalisieren Sie zugleich Bescheidenheit und Teamfähigkeit – und im Grunde auch Ihre Ablehnung von derartigen Auszeichnungsinstrumenten.

„Nicht schlecht, aber ..." – professioneller Umgang mit Kritik

Genau so, wie die meisten Chefs sich schwertun mit Worten echter Anerkennung, haben sie auch Probleme mit dem Äußern negativer Kritik. Viele haben gelernt, dass sie Kritik möglichst verpacken sollten in eine positive Einleitung und ein positives Gesprächsende. So sieht man manchen Chef lange an Formulierungen herumfeilen, bis er sauber drei Sätze konstruiert hat, die exakt diesem Sandwich-Schema entsprechen. Und die dann völlig blutleer und künstlich daherkommen. Meines Erachtens machen sie sich da viel unnötige Mühe. Wenn die gegenseitige zwischenmenschliche Wertschätzung gegeben ist, kann normalerweise jeder Mitarbeiter auch mit negativer Kritik leben. Einfach weil er weiß, dass nicht seine Person abgelehnt oder kritisiert wird, sondern nur seine Leistung bzw. in der Regel ohnehin nur ein einziger Teilaspekt der Leistung. Trotzdem bleibt natürlich immer ein Rest Unbehagen, wenn wir negatives Feedback erhalten.

Wie können Sie nun konstruktiv auf negative Kritik reagieren? Am besten, Sie hören sich erst mal alles in Ruhe an. Hilfreich ist, sich auf ein langes Ausatmen zu konzentrieren und sich so eine Minipause zu verschaffen. Wer sofort und ohne Nachdenken reagiert, neigt vorschnell zu einer Verteidigungshaltung, die auf den Vorgesetzten wie eine Rechtfertigung wirkt und ein ewiges wechselseitiges Auflisten von Argumenten zur Folge hat. Das ist wenig zielführend. Falls die Kritik Sie persönlich getroffen hat (das merkt man häufig am Zusammenkrampfen des Magens oder am unrhythmischen Atmen), können Sie um eine Auszeit bitten. Sagen Sie beispielsweise, dass Sie die Kritik erst einmal in Ruhe überdenken wollen, und vereinbaren Sie direkt einen Gesprächstermin für den Nachmittag. So zeigen Sie, dass Sie sich die Kritik zu Herzen nehmen, dass Sie aber gleichzeitig souverän sind und das weitere Geschehen aktiv mitbestimmen wollen.

In der Zwischenzeit setzen Sie sich mit den Kritikpunkten auseinander, am besten schriftlich, und gehen dann gut vorbereitet ins Folgegespräch. Hier sollten Sie klar formulieren, welche Kritikpunkte Sie einsehen, wo Sie zum Beispiel selber etwas falsch gemacht haben, und gegen welche Kritikpunkte Sie sich verwahren. Letztlich ist das Wichtigste in einem Kritikgespräch aus Ihrer Sicht als Mitarbeiter, dass Sie die Diskussion versachlichen und nicht persönlich werden. Das schaffen die meisten Menschen nur mit etwas zeitlicher Distanz. Nicht nur für Kritikgespräche ist es sinnvoll, das Selbstwertgefühl zu stärken. Wer weiß, was er zu bieten hat und dass er ansonsten einen guten Job macht, der geht unbelasteter in Kritikgespräche. Er ist weniger schnell beleidigt und neigt nicht dazu, verbal um sich zu schlagen oder gar seinerseits beleidigend zu werden. Daher lohnt es sich, sich vor einem solchen Gespräch vor Augen zu halten, welche Verdienste um die Firma man in der Vergangenheit erworben hat und auf welche Erfolge man besonders stolz ist. Am besten, man notiert diese Gedanken auf einem Zettel, den man während des Gesprächs in der Hosentasche dabeihat – quasi als natürliches Dopingmittel.

Stärke zeigen bei starken wie bei schwachen Chefs

„Ich würde ja gern Ihr Gehalt erhöhen, aber mir sind da die Hände gebunden ...“

Rückenstarke Chefs sind Mangelware. Deshalb müssen Sie mit den rückenschwachen irgendwie klarkommen. Lesen Sie hier Tipps für Gehaltsgespräche und für den Umgang mit solchen Vorgesetzten.

Gib dem Kaiser, was des Kaisers ist – dem schwachen Chef den Rücken stärken

„Ja, wenn ich könnte, würde ich ja ... (Ihr Gehalt erhöhen; Sie zum Abteilungsleiter machen; Ihren Mitarbeiterstab aufstocken; das neue Programm einkaufen)“ – Sätze wie diesen hören Sie nur von schwachen Chefs. Ein Vorgesetzter, der es nötig hat, sich hinter Vorgaben von oben zu verstecken, ist ein

Feigling – sowohl der Geschäftsleitung gegenüber als auch Ihnen gegenüber. Sie können sich abmühen, wie Sie wollen: Sie werden aus einem Hasenfuß keinen Löwen machen und aus einem Blättchen im Wind keine deutsche Eiche. Sie müssen mit dem Chef klarkommen, den Sie nun einmal haben. Verabschieden Sie sich am besten von der Vorstellung, ihn verändern zu können. Das Einzige, was Sie ändern können, ist Ihr Umgang mit ihm. Sie können und sollten dafür sorgen, dass Sie nicht zu sehr unter ihm leiden. Die Devise lautet letztlich: sich selbst verändern, nicht Ihren Vorgesetzten. Wenn Sie beispielsweise sich selber stärken und dann öfter wagen, ihn durch Bestätigungen festzunageln, werden Sie langsam, aber sicher zufriedener im Umgang mit ihm. Davon profitieren alle im Team – weit mehr, als wenn weiterhin in Entscheidungslosigkeit verharrt wird.

Ein entscheidungsunfähiger Vorgesetzter verunsichert sein ganzes Team. Unsicherheit ist ansteckend wie ein Virus. Damit Sie sich nicht anstecken lassen, sollten Sie für Absicherungen sorgen, bisweilen auch schriftlich. Angenommen, Sie haben im Gespräch vorgeschlagen, zur einfacheren Erledigung Ihrer Aufgabe, etwa für das Erstellen von Terminplänen, eine neue Software anzuschaffen. Ihr Chef hat in dem Gespräch genickt und Sie mit der Aussage „das könnte man mal überlegen“ abgespeist. Dann könnten Sie Nägel mit Köpfen machen, indem Sie ihm eine E-Mail schicken mit dem Tenor: „Wie heute morgen mündlich besprochen, habe ich mich nach dem Preis für das Programm P3e erkundigt. Die Kosten belaufen sich auf … Bis zum 01.08. bekämen wir es zum Sonderpreis von …“ So muss Ihr Vorgesetzter bald reagieren und eine Entscheidung fällen. Sie können auch bereitwillig anbieten, sich bei der zuständigen (geldgebenden) Abteilung zu erkundigen, ob der Kauf genehmigt wird. Spätestens das wird Ihrem Chef peinlich sein, sodass er selbst in die Pötte kommt. Dafür wiederum können Sie ihm dann auf die Schulter klopfen, etwa mit dem Tenor, dass er sich ja prima für seine Leute einsetzt. Das ist in dem Moment sogar ernst gemeint.

Versuchen Sie nach Möglichkeit, Ihrem Chef den Rücken zu stärken. Wenn Sie das schaffen, kommt es auch Ihnen selber zugute: Er weiß, was er an Ihnen hat. Und wenn er Sie schätzt, machen Sie sich für ihn unverzichtbar. Allerdings wird er sich im Gegenzug nur dann für Sie einsetzen, wenn Sie seine Abhängigkeit von Ihnen nicht zu sehr rauskehren. Sie sollten daher besser die starke Kraft im Hintergrund bleiben. Eine Redensart lautet: Hinter jedem starken Mann steht eine starke Frau. Das kann im übertragenen Sinne auch für Sie und Ihren Vorgesetzten gelten. Auch gegenüber anderen sollten Sie zu Ihrem Chef stehen und beispielsweise auf Lästereien verzichten. Wenn Sie über ihn herziehen, schwächen Sie damit auch Ihre eigene Position. Sie sind schließlich auch von ihm abhängig. Wenn er einen schlechten Job macht, haben Sie vielleicht das Pech, dass die gesamte Abteilung aufgelöst wird. Dann wären Sie selbst der Leidtragende.

Um auf das Thema in der Titelzeile zurückzukommen: Wenn Sie Ihrem Chef den Rücken stärken, haben Sie auch leichteres Spiel in Gehaltsverhandlungen.

Darf's a bisserl mehr sein?
Bei Gehaltsgesprächen das Beste rausholen

Jeder möchte gern mehr verdienen, aber kaum jemand führt gern Gehaltsgespräche. Das Herz schlägt bis zum Hals, die Hände sind feucht, Schweiß steht auf der Stirn, der Mund ist trocken, der Kopf ist rot. Schließlich geht es um einiges, und man will für sich das Beste rausholen. Dazu gilt es, sich ins rechte Licht zu rücken, ohne überheblich zu wirken. Dieser Balance-Akt gelingt nur nach gründlicher Vorbereitung. Dazu gehört ein mentales Coaching. Folgende Fragen können Sie bei der inneren Einstimmung unterstützen: Wo liegen Ihre Stärken? Worin sind Sie für Ihr Unternehmen unentbehrlich? Woran konnte wer das in der Vergangenheit merken? Warum sollte Ihr Chef Ihnen mehr Geld geben? Welche wichtigen Personen im Unternehmen schätzen Sie wofür? Wer hat sich in der Vergangenheit positiv über Sie geäußert? Mit welchen Einwänden müssen Sie rechnen, und wie können Sie diese entkräften? Je besser Sie sich mit Ihren Vorzügen auseinandergesetzt haben, desto leichter wird es Ihnen im Gespräch fallen, diese Punkte überzeugend rüberzubringen.

Am besten spielen Sie das Gehaltsgespräch mit allen Argumenten von beiden Seiten durch, idealerweise nicht nur auf dem Papier, sondern mit einem Partner. Vorsicht: Ihr Sparringspartner sollte sich mit dem Geschäftsleben auskennen, aber besser nicht demselben Unternehmen angehören, es sei denn, Sie können ihm wirklich blind vertrauen. Ziehen Sie beim Üben am besten dieselbe Kleidung an, die Sie auch in der Realsituation tragen werden. Vielleicht nehmen Sie sich sogar auf dem Camcorder auf? Nachdem Sie alle Argumente mehrfach durchgespielt haben, schauen Sie sich noch einmal die ganze Szene an, zunächst auf Video und danach – ganz wichtig – noch einmal in Gedanken, so als sähen Sie sich durch die Kamera. Schauen Sie sich genau an, wie Sie freundlich, aber bestimmt auftreten. So wird Ihr Unbewusstes auf Erfolg programmiert.

Die ersten zwei, drei Sätze lernen Sie am besten auswendig und üben Sie vor dem Spiegel, sodass Sie in der Live-Situation nicht darüber nachzudenken brauchen, sondern sich ganz auf Ihr Gegenüber konzentrieren können. Sie sollten kurz und einfach gehalten sein, ohne Füllwörter und Weichmacher. Also kein „Ich hab mir gedacht, wir könnten ja mal eventuell über mein Gehalt sprechen und es vielleicht ein bisschen erhöhen, denn das Projekt neulich ist ja gar nicht so schlecht gelaufen“.

Stattdessen klare Formulierungen wie: „Ich habe das und das und das geleistet (kurze Belege: Kunde X, Vertriebsbericht). Damit habe ich das Unternehmen nach vorn gebracht (im Bereich Z um Y Prozent). Als Anerkennung meiner Leistungen möchte ich mit Ihnen über eine Gehaltsanpassung reden." Die Höhe dessen, was Ihnen vorschwebt, sollten Sie in diesen ersten Sätzen noch für sich behalten. Im Live-Gespräch wird es dann an Ihrem Gegenüber sein, sich zu dem Thema zu äußern.

Falls turnusgemäß stattfindende Gehaltsgespräche in Ihrem Unternehmen unüblich sein sollten: Lassen Sie sich einen Termin geben und nennen Sie dabei schon das Kind beim Namen. So erhält das Gespräch einen angemessenen Rahmen. Sie demonstrieren damit, dass es sich für Sie nicht um ein Gespräch zwischen Tür und Angel handelt. Ein günstiger Zeitpunkt ist der erfolgreiche Abschluss einen Projekts. Dann dürfte es Ihnen besonders leicht fallen, mit natürlichem Selbstbewusstsein aufzutreten. Gut wäre es, wenn das Unternehmen insgesamt derzeit gut dasteht und Ihr Chef gute Laune hat. Im Gespräch selber demonstrieren Sie Ihre Vorbereitung, indem Sie mit beschriebenem Papier und Stift erscheinen. Selbst wenn Sie keinen Blick auf Ihre Notizen werfen, strahlen Sie mehr Souveränität aus, als wenn Sie ohne Ausrüstung auftreten. Wenn Sie sich auch mental gut vorbereitet haben, werden Sie ganz von selbst die gesamte Sitzfläche des Stuhls einnehmen, zugewandt und aufrecht sitzen. Eine aufrechte Körperhaltung lässt Ihre Stimme frei klingen. Sie werden beweglich, aber sicher dasitzen, ohne groß darüber nachdenken zu müssen. Auch der Blickkontakt wird Ihnen dann leichter fallen, wenn Sie das Gespräch vorher durchgespielt haben.

Gehaltsgespräche sind für Vorgesetzte eine Machtsituation. Niemals sonst zeigt sich so deutlich, wer am längeren Hebel sitzt und wer von wem abhängt. Sie sollten den Blickkontakt nicht zum Kampfinstrument machen nach dem Motto „wer zuerst wegschaut, hat verloren". Aber in dem Moment, wo Sie Ihre Bitte nach mehr Gehalt formulieren, ist Blickkontakt unverzichtbar. Auch das will geübt sein. Achten Sie darauf, in dem Gespräch nicht zum Kämpfer zu werden, indem Sie Ihre Vorzüge mit jammeriger Stimme wiederholen („Aber ich war doch so gut in dem Projekt! Und der B. hat doch auch gesagt, dass ..."). Auch Vergleiche mit anderen sollten Sie unterlassen. Dann hätten Sie schon verloren. Der Chef sitzt nun mal am längeren Hebel. Wenn er will, kann er Sie zappeln lassen. Angenommen, Ihr Vorgesetzter ist nicht sofort Feuer und Flamme für Ihren Wunsch nach mehr Gehalt und konfrontiert Sie mit einer Reihe Ja-abers: Lassen Sie ihn die Einwände begründen und notieren Sie sich diese. Zumindest sollten Sie sie im Kopf behalten für Ihre Argumentation in späteren Gehaltsgesprächen. Falls Sie sich nicht einig werden: Vielleicht gelingt es Ihnen, zusammen mit Ihrem Vorgesetzten einen Plan für die zukünftige Gehaltsentwicklung zu entwerfen.

Geld ist ein Motivationsfaktor oder – besser gesagt – das Gefühl, zu schlecht entlohnt zu werden, demotiviert Menschen. Das weiß auch Ihr Vorgesetzter. Und er darf auch ruhig spüren, dass Sie enttäuscht wären, wenn er Ihnen nicht entgegenkäme, allerdings ohne dass es nach Erpressung aussieht. Sie sollten sich von dem Anspruch verabschieden, ein Gehaltsgespräch möglichst sachlich – im Sinne von emotionslos – zu führen. Das geht nämlich gar nicht. Auch Ihr Chef weiß, dass Ihnen das Thema Gehalt wichtig ist. Wenn Sie also einen roten Kopf bekommen oder angespannt sind, ist das einfach menschlich und authentisch. In keinem Fall aber sollten Sie ausfallend werden. Bringen Sie aber Ihre Enttäuschung zum Ausdruck: Es ist ehrlicher, sitzen zu bleiben und zu sagen, dass man sich mehr erwartet hat und nun enttäuscht ist, als wortlos oder schimpfend den Raum zu verlassen.

Dos und Don'ts im Gehaltsgespräch

Was Sie tun sollten:

- Gehen Sie gut vorbereitet ins Gespräch (Informationen über die jüngste Entwicklung des Unternehmens und Ihren Beitrag dazu in Form von Abschlüssen, Vertriebserfolgen, Verbesserungsvorschlägen oder Einsparungen).
- Wirken Sie im Gespräch ganz sicher (fester Termin, Notizen, ansprechendes Äußeres).
- Seien Sie flexibel statt verbohrt (notfalls nehmen Sie eben auch den neuen Firmenwagen, die zusätzliche Altersvorsorge oder die Finanzierung Ihres MBA-Abschlusses).

Was Sie besser lassen sollten:

- Vermeiden Sie Vergleiche mit anderen wie: „Der Kollege Meier bekommt schließlich auch 300 Euro mehr!"
- Unterlassen Sie es, private Gründe anzuführen wie „Ich brauche das Geld wegen der neuen Wohnung".
- Drohungen oder Erpressungen nach dem Motto: „Andernfalls suche ich mir eine andere Stelle" sind völlig fehl am Platz!
- Sätze wie „Die Firma ist mein Leben" oder „Ich habe sooo viele Überstunden gemacht" können zum Bumerang werden.
- Ein absolutes No-go: beleidigte Reaktionen, zum Beispiel verbale Angriffe gegen den Vorgesetzten.

Vielleicht liegt die Lösung auf einer anderen Ebene? Das Beste rausholen – das muss nicht unbedingt das Meiste sein, rein finanziell betrachtet. Was nützt Ihnen der Hunderter mehr, wenn Sie dafür den Rest Ihres Daseins von allen unbemerkt in der Abstellkammer des Unternehmens verbringen? Zumindest ab einer gewissen Gehaltsklasse spielt Geld keine Rolle mehr, erzählte Professor Bernhard Badura auf dem Kongress „Health on Top" auf dem Petersberg im Frühjahr 2007. Da geht es um Selbstentfaltung, Entwicklungschancen und natürlich

Image. Aber auch falls Sie noch nicht in der Gehaltsliga mitspielen, wo monetäre Faktoren zweitrangig werden: Es gibt noch weitere Möglichkeiten, mehr für sich herauszuschlagen.

Falls Chefs sich schwertun mit einer Gehaltserhöhung, gibt es nämlich noch Spielräume für indirekte Formen der Erhöhung, zum Beispiel durch Betriebsrenten, Laptops, finanzierte Weiterbildungen oder Leasingraten für Dienstwagen. Letzteres hat den Vorteil, dass Sie weniger Steuern zu zahlen brauchen, da sich ja Ihr Einkommen nicht erhöht. Zwar müssen Sie den Firmenwagen als geldwerten Vorteil versteuern, aber bei einem kurzen Weg zur Arbeit und einem günstigen Auto kann sich das für Sie lohnen. Der Trend zu solchen Zusatzleistungen – hierzu gehören auch Zuschüsse zum Kantinenessen oder Gutscheine fürs Tanken – nimmt in den letzten Jahren zu. Hier sollten Sie sich flexibel zeigen, wenn Ihr Vorgesetzter zögert, an der Höhe Ihres Gehalts zu schrauben. Entscheidend ist ja für Sie, was letztlich hinten rauskommt.

„Ich brauche keine Details, Sie kriegen das schon hin!"

Ein Chef, aus dessen Mund Sie solche Sätze hören, will Resultate, und es ist ihm egal, wie Sie sie erzielen. Ihn interessiert nur das Was und nicht das Wie. Er handelt nach dem Motto: Nur was man zählen kann, zählt. Also das, was hinten herauskommt und was seine eigene Zielerreichung unterstützt. Vorgesetzte wie diese sind selten erreichbar und immer kurz angebunden, denn sie stehen ständig unter Zeitdruck. Für sie bedeutet Mitarbeiterführung vor allem Eines: Mitarbeiter mit Aufträgen versehen, bei Misserfolgen zusammenfalten und mit kurzen Mutmach-Reden danach wieder alleine an die Front schicken.

Bei solchen Chefs hat man als Mitarbeiter leicht das Gefühl, sie mit Fragen zur Arbeit zu stören. Man will nicht angeranzt werden, weil man sie schon wieder behelligt. Also arbeitet man im stillen Kämmerlein vor sich hin und fragt sich, ob das wohl richtig ist, was man tut. Auf diese Weise gehen ungeheuer viele Ressourcen verloren. Zeit wird vergeudet, weil Mitarbeiter nun einmal nicht Gedanken lesen können und oft danebenliegen. Und Motivation geht verloren, weil es keinen Spaß macht, ins Blaue hinein zu arbeiten und dann getadelt zu werden, weil man in die falsche Richtung gegangen ist.

Wenn Ihr Chef Sie im Dunkeln tappen lässt, kann das mehrere Ursachen haben: Er hat selber keine genaue Vorstellung von dem Auftrag, den er Ihnen gegeben hat. Oder er spielt ein Machtspielchen mit Ihnen. Vielleicht möchte er Sie sogar scheitern sehen, um daraus personalpolitische Konsequenzen zu ziehen. Falls Sie Letzteres befürchten, gilt: Reagieren Sie möglichst nicht aus Trotz, nur weil Sie sich keine Blöße geben wollen. Ziehen Sie sich also nicht mit dem halbgaren Auftrag zurück in der Hoffnung, ihn irgendwie hinzubekommen. Die Gefahr ist groß, dass Sie scheitern. Die Niederlage ist vorprogrammiert. Dann hätten Sie Ihrem Chef den Beweis geliefert, dass er recht hat.

Egal welche Ursache Sie vermuten: Bitten Sie Ihren Vorgesetzten um weitere Details. Dann werden Sie sehen, ob es ihm ernst ist damit, Sie zu unterstützen, oder ob er Sie bewusst scheitern lassen möchte. Dabei sollten Sie möglichst unvoreingenommen an den Auftrag herangehen. Zunächst einmal beinhaltet ein Satz wie „Sie kriegen das schon hin" ja eine Kompetenzbescheinigung. Ihre Führungskraft traut Ihnen offenbar einiges zu. Diesen Ausdruck von Wertschätzung sollten Sie Ihrerseits zunächst einmal würdigen, zum Beispiel durch Sätze wie „Vielen Dank für Ihr Zutrauen, das weiß ich sehr zu schätzen – und es ist mir natürlich auch lieber, als wenn ich über jeden winzigen Schritt Rechenschaft ablegen müsste; trotzdem brauche ich noch einige Informationen, ehe ich loslegen kann."

Vielleicht will Ihr Chef sich auch einfach keine Zeit für Sie nehmen. Und sich mit Details zu beschäftigen, das kostet natürlich Zeit. Da Ihr Vorgesetzter vermutlich nicht gerade einen leeren Schreibtisch hat, sollten Sie ihm in einem ersten Schritt Verständnis entgegenbringen. Es ist nicht unbedingt Böswilligkeit, wenn er Sie mit Ihren Aufgaben allein lässt. Vielleicht denkt er sich: Sie wird sich schon melden, wenn sie nicht mehr weiterweiß; solange sie sich nicht meldet, ist wohl alles in Ordnung. Sie tun sich also selbst einen Gefallen, wenn Sie zunächst davon ausgehen, dass es sich beim Alleinlassen Ihres Chefs um einen Vertrauensbeweis handelt. Wichtig ist, dass er sich Zeit für Sie nehmen muss, wenn Sie diese einfordern. Schüchternheit ist hier fehl am Platz. Formulieren Sie Ihre Bitte so konkret wie möglich, etwa: Wann können wir den Auftrag in Ruhe durchsprechen, ich habe da noch einige Fragen. So sichern Sie sich ab und bleiben dabei konstruktiv.

Der Elefantenführerschein oder: die Macht der Mäuse

Einen Chef haben, das kann sogar Spaß machen – wenn man ihn im Griff hat. Dazu muss man wissen, wie der Vorgesetzte tickt. Verständnis ist gefragt. Und wenn Sie die Theorie kennen, möchten Sie vielleicht am Ende sogar selbst die Praxis ausprobieren?

Auch nur ein Mensch – Verständnis für den Chef

Selbst wenn es nicht so aussieht, aber Ihr Vorgesetzter ist auch nur ein Mensch. Sprich: Er hat Bedürfnisse, die befriedigt werden wollen. Das ist gut zu wissen, denn damit wird er verstehbar. Und wenn man einmal verstanden hat, wie ein Wesen funktioniert, ist es nur noch ein kleiner Schritt, um es zu lenken – idealerweise in die Richtung, die einem selbst am besten behagt. Nicht zuletzt verliert man so auch die Angst im

Umgang mit dem Vorgesetzten. Sie haben also etwas davon, wenn Sie sich spaßeshalber mal in Ihren Chef hineinversetzen. In dem netten Buch „Zen und die Kunst einen Elefanten zu führen" wird davon ausgegangen, dass jeder lernen kann, seinen Chef – bildlich ein Elefant – zu dressieren. Doch ein Schritt vor dem andern. Bevor Sie den Elefantenführerschein in Händen halten, geht es um das Verstehen.

Was sind die Bedürfnisse eines Vorgesetzten? Ganz einfach: Dieselben wie Ihre. Auch er will Anerkennung und Wertschätzung und Beliebtheit. Das sind seine wahren Ziele. Natürlich möchte er auch etwas bewegen, der Firma zu großem Umsatz verhelfen, viel verkaufen und hohe Gewinne einfahren. Aber was ist letztlich das Ziel dahinter? Anerkennung und Wertschätzung und Beliebtheit. Erfolge, die sich an Zahlen festmachen lassen, sind nichts anderes als ein Vehikel, ein quantifiziertes Zeugnis für die Aussage „guck mal, wie gut ich bin". Und warum soll seine Frau, sein Chef, sein Kollege gucken, wie gut er ist? Genau, damit sie ihn anerkennen und ihn wertschätzen und ihn letztlich lieben. Das mag etwas simpel klingen, aber es ist eine hilfreiche Annahme im Umgang mit Vorgesetzten.

Jeder Chef hält sich selbst für einen guten Chef – bis ihm Zweifel kommen. Vielleicht ist er nur deshalb Vorgesetzter geworden, weil er an der Reihe war? Oder weil die Obersten glaubten, dass er niemandem gefährlich werden könnte? Selbst wenn die Zweifel berechtigt sind, sie nützen nichts. Ein unsicherer Chef ist ein schlechter Chef. Helfen Sie mit, Ihren Vorgesetzten zu stabilisieren, indem Sie ihm positives Feedback geben. Sie brauchen nicht schleimen. Ein lächelndes Nicken reicht. Oder Sie fragen ihn in einer ruhigen Minute nach seiner Meinung, egal zu welchem Thema. Dadurch fühlt er sich als Mensch wahrgenommen und wertgeschätzt und zugleich in seiner Position als Vorgesetzter bestätigt. Das wird auch Ihnen selber zugutekommen, zum Beispiel in Form von Entschlussfreude.

Es sollte Ihr Ziel sein, den Menschen im Chef zu erreichen. Das heißt: Kümmern Sie sich um seine Emotionen. Je stärker er auf Zahlen-Daten-Fakten fokussiert ist (das erkennen Sie an seiner bevorzugten Lektüre wie „33 Erfolgswege im Vertrieb" oder „Die 7 Omega-Strategien"), desto nötiger braucht er gefühlsmäßige Erfrischungen. Der Elefantenführer-Ratgeber empfiehlt zum Beispiel, sich mit dem Elefanten zu freuen, wenn er einen Erfolg eingefahren hat. Während er selbst nur müde nickt, sollten Sie strahlen und ihm mit leuchtenden Augen gratulieren. Ebenso sollten Sie ihn aufmuntern, wenn er Gründe hat für Niedergeschlagenheit. Und ganz wichtig: Zeigen Sie ihm, dass Sie ihm vertrauen.

Wie Sie Ihren Chef wirklich erreichen

- Halten Sie sich vor Augen, dass er letztlich nach Anerkennung strebt mit allem, was er tut. Wann immer er gut führt: Bringen Sie zum Ausdruck, dass er ein guter Chef ist.
- Fragen Sie ihn nach seiner Meinung.
- Zeigen Sie, dass Sie seine schwierige Situation verstehen.
- Wecken Sie sein Verantwortungsgefühl: Zeigen Sie ihm, dass Sie ihm vertrauen!
- Wecken Sie sein Herz: Freuen Sie sich bei Erfolgen, trösten Sie bei Niederlagen!

„Der ist doch selber nur noch ein bereinigter Quartalsbericht", sagen Mitarbeiter bisweilen über ihren Chef. Die Frage „Mensch oder Monster?" würden sie eindeutig mit dem zweiten Wort beantworten. Und woran liegt es? Führungskräfte sind etlichem Druck ausgesetzt, und zwar von mehreren Seiten. Die Geschäftsleitung will Ergebnisse sehen, und die Mitarbeiter wollen, dass man sich um sie kümmert. Das Aufreiben in der Sandwich-Position wird untermalt von zahlreichen Zielkonflikten: Da steht der Auftrag zum Kostensparen durch Kürzung der Kundenkontaktdauer gleichberechtigt neben der Forderung nach exzellentem Service am Kunden. Da soll zugleich schnell und sicher gearbeitet werden. Da steht unbedingte Ehrlichkeit in den Führungsleitlinien, während zugleich ein Maulkorb über anstehende Umstrukturierungen verhängt wird. Mit anderen Worten: So ein Chef hat's auch nicht leicht.

Der Vorgesetzte hat vor lauter Management-Aufgaben oft einfach keine Zeit, sich um seine Führungsaufgabe zu kümmern. Ihm fehlt dadurch die Möglichkeit, sich in seine Leute hineinzuversetzen. Wenn Sie ihn lenken wollen, sollten Sie ihm diese Arbeit abnehmen, indem Sie ihm erzählen, was in seinen Mitarbeitern vorgeht. Klären Sie ihn auf über die Emotionen anderer Menschen, und geben Sie ihm positives Feedback, sobald er auf die menschliche Seite anderer reagiert. Zeigen Sie Ihre Dankbarkeit, verteidigen Sie Ihren Chef nach außen, aber auch innerhalb des Teams, indem Sie für Verständnis werben angesichts der Aufgabenvielfalt, der er gerecht werden muss. Wenn seine Position gestärkt ist, kann das auch Ihnen von Nutzen sein. Der weise Vergleich mit dem Elefanten besagt: Je größer ein Tier, desto leichter ist es aus dem Gleichgewicht zu bringen. Eine Maus hat man noch nie stolpern oder stürzen sehen.

Überhaupt: Mäuse. Wovor hat der Elefant Angst? Eben.

Die Kitzelstrategie: Wie Sie das große Tier in den Griff bekommen

Auf den ersten Blick scheinen die Machtverhältnisse klar. Der Chef ist der Mächtige, die Mitarbeiter sind die mit weniger Macht. Wirklich? Was, wenn das Team das Arbeiten einstellt? Ob das vorgesehen ist in den gedanklichen GAU-Szenarien Ihres Vorgesetzten? Was ist eine Führungskraft ohne Geführte? Immer noch Führungskraft? Wenn sie nur noch sich selber führt? Das ist schon fast eine philosophische Frage. Wir halten mal fest: Ihr Chef ist nichts ohne Sie. Zumindest kann er ohne ein gut funktionierendes Team nicht die Leistungen abliefern, die von ihm gefordert werden. Streikende Mitarbeiter führen jedem Vorgesetzten vor Augen, wie abhängig er von der Arbeitsbereitschaft seiner sogenannten Untergebenen ist. Sie als Mitarbeiter hingegen können Ihren Job machen und eine gute Leistung abliefern, selbst wenn Ihr Chef nicht da ist oder alle zwei Tage ein anderer auf dem Chefsessel sitzt.

Sind Sie die Maus? Warum rastet ein Vorgesetzter aus, wenn ein Mitarbeiter seine Kritik nicht annehmen will? Oder wenn er ihm offen ins Gesicht sagt „Sie können mir gar nichts, ich bin Beamter" (nix gegen Beamte, aber sorry, auch dies ist ein wahrer Fall)? Das Problem ist nicht die Sache selber oder der Widerstand als solcher. Das Problem liegt darin, dass der Mitarbeiter die Position des Vorgesetzten infrage stellt. Gerade wenn der sich selber seiner Rolle noch nicht sicher ist, fühlt er sich durch Widerworte von Mitarbeitern angegriffen, denn sie machen ihn ohnmächtig. Er fühlt sich ausgehebelt. Und wer sich bedroht fühlt, der schlägt um sich. Der glaubt, er müsse durch Aggression bzw. Gegenangriff deutlich machen, wer der Boss im Haus ist.

So etwas haben nur Vorgesetzte nötig, die sich selbst in ihrer Position als gefährdet wahrnehmen. Also schwache Chefs. Das sind die, die jeden Mini-Schritt kontrollieren wollen. Die nicht wirklich Aufgaben delegieren können, sondern sie nach zwei Minuten wieder an sich reißen. Und die glauben, dass die Firma bankrott geht, wenn sie es wagen, mal zwei Wochen am Stück Urlaub zu machen. Die müssen sich dann von Teneriffa am Strand aus per Handy vergewissern, dass ihr Stuhl auch wirklich noch unangesägt in Castrop-Rauxel im Büro steht. Wie Sie einen schwachen Chef stärken können, haben Sie bereits gelesen. Bevor Sie das nächste Mal verzweifeln, weil Ihr Vorgesetzter kleinkariert, pedantisch und von Kontrollzwang befallen scheint, machen Sie sich klar: Das ist nur seine Unsicherheit. Er fühlt sich schwach. Er weiß um die Macht der Mäuse. Ich könnte ihn kitzeln, und er würde springen. Anders gesagt: Wenn wir nicht springen, kitzelt ihn das, und dann springt er. Klar? Wenn Sie wissen, wie ein Chef/ Elefant funktioniert und wie man ihn lenkt, besitzen Sie quasi den Elefantenführerschein. Sie können ihn lenken. Ein gutes Gefühl, oder?

Selber Chef werden? Bedenkenswerte Pros und Contras

Wenn die Chefs doch so häufig so schwach sind, und schwache Chefs so schlechte Chefs sind, dann hilft eigentlich nur eines: Selber Chef werden. Und versuchen, es besser zu machen. Das hätte doch was, oder? Menschen würden zu Ihnen aufsehen und Sie zum Vorbild nehmen. Nur wenn Sie selbst in der Mittagspause die Kantine aufsuchen, würden sich auch die anderen trauen. Sie hätten ein Büro für sich allein (naja, zumindest in einigen Unternehmen wäre das so). Sie dürften beobachten, wie Menschen sich unter Ihrer Führung weiterentwickeln. Könnten Fortbildungen bewilligen oder verbieten. Hätten einen Parkplatz nahe am Haus, sodass Sie zukünftig auf den Regenschirm verzichten könnten. Und Sie könnten jederzeit Meetings anberaumen, sobald Sie Langeweile bekommen oder sich einsam fühlen.

Andererseits, Sie würden auch ganz schön was riskieren, wenn Sie den Schritt in die Führungssphäre wagen. Das wohlige Aufgehoben-Sein, als einer von vielen im Team, wäre dann vorbei. Stromberg sagt: „Als Chef kannst du gar nicht beliebt sein“. Das muss man aushalten können. Wer sich aus lauter Harmoniesucht bei kleinen Unstimmigkeiten schon nachts im Bett unruhig hin- und herwälzt, weil er sich ungeliebt und abgelehnt fühlt, für den ist das mit dem Chefsein vielleicht doch keine so gute Idee. Die viel zitierte Einsamkeit des Vorgesetzten aushalten können, das ist für soziale Wesen nicht einfach. Aber sollen womöglich unsoziale Wesen Chef werden? Dann doch lieber Sie! Und vielleicht können Sie ja lernen, damit zu leben, dass Sie auch unangenehme Entscheidungen vertreten müssen. Und dass Gespräche verstummen, sobald Sie den Raum betreten.

Entscheidungsfreude ist eine weitere Fähigkeit, die Sie entweder schon mitbringen oder bald ausbilden sollten. Sich schnell einen Überblick verschaffen können, eine Entscheidung fällen und dafür eintreten – statt noch stundenlang darüber nachzudenken. Das können nicht viele. Und Sie von der (noch) anderen Seite des Schreibtischs wissen, was für eine Plage zögerliche Vorgesetzte sein können. Dabei ist Entscheidungsschwäche durchaus nachvollziehbar. Man will halt keine Fehler machen. Als Vorgesetzter muss man aber – noch weit mehr denn als Mitarbeiter – bereit sein, eben dieses Risiko einzugehen. Und man muss in der Lage und willens sein, andere in seine Entscheidungen mit einzubeziehen, ohne ihnen später den Schwarzen Peter in die Schuhe zu schieben. Auf eigene Erfolge muss man verzichten zugunsten des Erfolgs des gesamten Teams. Fehler des Teams hingegen muss man als die eigenen ausgeben. Das geht manchem gegen den Egostrich.

Wann ist ein Chef ein guter Chef? Wer diese Frage stellt, bekommt überall dieselbe Antwort: Wenn er sich kümmert. Also die persönlichen wie fachlichen Wünsche der Mitarbeiter ernst nimmt. Sich ihre Beschwerden anhört, ihnen nachgeht und sie im Rahmen seiner Möglichkeiten abstellt. Sich-Kümmern, das heißt auch: Frühzeitig und umfassend informieren über alles, was die Mitarbeiter direkt angeht, aber auch über zukünftige Strategien, neue Produkte etc., damit sich jeder als Teil eines großen Ganzen fühlen kann. Sich interessieren für den Menschen im Mitarbeiter, und dieses Interesse glaubwürdig zum Ausdruck bringen, zum Beispiel durch die morgendliche Begrüßungsrunde oder Nachfragen nach Urlaubs- oder Wochenendaktivitäten. Auch von sich selber etwas preisgeben und sich so selbst als Mensch durchschaubar machen. Sich auch mal entschuldigen und Fehler zugeben können.

Und natürlich muss man motivieren können bzw. Demotivation vermeiden, indem man echte Wertschätzung für die Person und Feedback für die erbrachte Leistung gern und intensiv zum Ausdruck bringt. Schließlich klagen in allen Studien und branchen- wie hierarchiestufenübergreifend Beschäftigte darüber, dass sie zu wenig Lob und Anerkennung bekämen. Das ist laut Umfragen der Führungsfehler Nummer eins. Den zu kennen scheint nicht zu reichen. Schließlich wissen die meisten Chefs, dass sie selbst zu wenig Lob bekommen, dennoch sind sie selber nicht großzügig, was Anerkennung für andere angeht. Das sollten Sie anders machen, wenn Sie dereinst selbst am Ruder sitzen. Also: Sind Sie bereit? Dann nichts wie los!

Sind Sie zur Führungskraft geboren?

- Können Sie gut damit leben, ständig bei der Arbeit unterbrochen zu werden?
- Gibt es für Sie ein Leben neben der Arbeit? Können Sie gut abschalten?
- Haben andere Menschen Ihnen schon einmal Einfühlungsvermögen bescheinigt?
- Sind Sie von Natur aus freigebig mit dem Zeigen (!) von Wertschätzung?
- Können Sie sich gut auf unterschiedlichste Gattungen von Menschen einstellen?
- Sind Sie entscheidungsstark?
- Können Sie damit leben, sich auch mal unbeliebt zu machen?

- Sind Sie von Grund auf ein Menschenfreund?
- Können Sie anderen vertrauen?
- Können Sie gut erklären und deutliche Anweisungen geben?
- Zeigen Sie Ihre Emotionen (statt mit Pokerface herumzulaufen)?
- Sind Sie in der Lage, das Klima in einer Gruppe positiv zu beeinflussen?
- Können Sie Fehler zugeben?
- Haben Sie das Rückgrat, sich für einen Fehler auch zu entschuldigen?
- Bewahren Sie im Stress einen kühlen Kopf, um auch dann noch auf andere zu achten?

Zu diesem Selbstcheck gibt es keine zahlenbezogene Auswertung. Die Fragen können Sie aber zur Selbstreflexion anregen. Selbst wenn Sie nur wenige Kreuze gesetzt haben – das muss nicht viel heißen. Sie sehen es vielleicht am Beispiel Ihrer eigenen Vorgesetzten: Man wird nicht zum Chef geboren. Man wird zum Chef gemacht. Und die meisten zumindest müssen erst lernen, andere zu führen. Grundlage dafür ist die Bereitschaft, ab und zu über sich und sein Verhalten und über das Verhalten anderer nachzudenken. Den Beweis dafür haben Sie mit der Lektüre dieses Buches schon erbracht ...

Hindernislauf zum Chefsessel oder: Ein Hoch auf die Strombergs dieser Welt!

Karriere, Aufstieg, Beförderung, das ist für die meisten immer noch gleichzusetzen mit der Übernahme von Führungsverantwortung. Der Wert der sogenannten horizontalen Karriere hat sich noch nicht herumgesprochen. Und wenn Sie mich fragen: Es wird auch noch lange dauern, bis sich das ändert. Dazu ist das Leben mit und unter einem Chef viel zu spannend.

Ohne sie wäre das Büroleben keine Herausforderung. Man wüsste gar nicht, was man mit seiner ganzen Zeit anfangen sollte, wenn die Meetings und die Teamsitzungen einen nicht mehr von der Arbeit abhielten. Kein Kampf mehr um die chefnächste Position, kein Gerangel um die einzigen Lobesworte des Monats, kein Ablästern in der Kantine über seine neue Krawatte. Da würde etwas fehlen.

Abgesehen von der mangelnden Anerkennung ist die Mehrheit der Beschäftigten ja mit ihrem Vorgesetzten zufrieden. Das will doch was heißen. Und es kann Mut machen, das „Abenteuer Chefsein" selber anzugehen. Man muss es ja nicht machen wie Stromberg, der anerkannt fieseste Vorgesetzte, der jemals hinter einem Schreibtisch gesessen hat. „Büro ist Krieg", meinen seine Mitarbeiter. Dass es auch anders geht, zeigen tagtäglich die allermeisten der sechzehn Millionen Schreibtischhelden, die hierzulande in Büros beschäftigt sind.

Nun sind Sie gerüstet für das Überlebenstraining im Büro, denn die meisten machen ihren Job, ohne Schaden an Leib und Seele zu nehmen. Also, geht doch!

In diesem Sinne: Ein Hoch auf die Chefs dieser Welt und viel Erfolg bei Ihrem weiteren Weg durch den Bürodschungel!

Heute schon geflirtet?

Online-Singlebörsen boomen wie nie zuvor. Wer den richtigen Partner fürs ganze Leben oder für die prickelnde Abwechslung zwischendurch sucht, ist bereit, auch neue Wege zu gehen: Ob Kontaktanzeigen, Chatten oder Partnervermittlungen, ob Blind Date, Speed-Dating oder Seitensprungagenturen, ob Single-Reisen oder Sexkontakt-Portale – „Modern Dating" verschafft einsamen Herzen Durchblick im Dating-Wirrwarr: Wie funktionieren die verschiedenen Angebote? Was kosten sie? Welche Vor- und Nachteile bieten sie? Wie kann man sich vor Fakes und Abzocke schützen?

In lockerem Plauderton und mit augenzwinkerndem Humor führt die Autorin durch das Einmaleins des Flirtens in seinen unterschiedlichsten Formen. Clevere Tipps, überraschende Hintergrund-informationen und nützliche Checklisten sorgen dafür, dass die Sehnsucht für Romeo und Julia ein Ende hat.

Wer flirtet, hat mehr vom Leben!